путевые заметки

Александр Быков

PRAS PUBLISHING, Торонто 2017

Быков, Александр. **Путевые заметки**

© 2017, **PRAS** PUBLISHING

Фото на обложке
Аляска, 2013 г.

Фотографии на обложке и внутренних страницах
Г.Л.Арзуманова

Литературный редактор
И. Дьяченко

Поэзия в этой книге ранее была доступна как отдельные записи на стихи.ру, опубликованные под именем Александр Канадский Быков.

ISBN: 978-0-9865142-2-7

"Люди мне простят
от равнодушия
Я им равнодушия
не прощу!"

~А. Галич

"Мы все в пути,...
В дороге к Богу...
Не перепутайте дорогу!"

~А. Быков

Внукам моим посвящается

Коротко об авторе

Александр Алекандрович Быков родился 23 декабря 1957 года в Сибири, в городе Новокузнецк, в семье горного инженера.

Вырос в Подмосковье, в Абрамцево.

Закончил Московский Лесотехнический Институт и аспирантуру ВНИИЛМ. Кандидат биологических наук, верхолаз, горнолыжник, жизнелюб и непоседа.

Больше 40 лет проработал в лесных службах России и Канады, много путешествовал по роду своей деятельности и просто для души. Встречал много интересных людей по обе стороны Атлантики. Мерз, тонул, спасал других и сам спасался как мог. Огонь, вода и медные трубы в случае Александра Быкова - не преувеличение...

Некоторые выводы и заключения, основанные на жизненом опыте автора могут показаться спорными, а любительское стихосложение- желать лучшего, но в искренности автору не откажешь.

А это уже чего-то стоит в наше толерантное и политкорректное время.

Об остальном - в путевых записках. Итак, в дорогу читатель!

Александр Александрович Быков
Ньюфаундленд, 2013 г.

1
Ньюфаундлендская тетрадь

Ньюфаундленд

Неделю ветер с океана.
И волны с дом величиной.
Когда покинуть сможем бухту,
Решать, поверь, не нам с тобой.

Джеймс Кук когда-то лейтенантом,
Весь этот берег описал.
Француз, испанец, португалец
Здесь жадный якорь свой бросал.

И баккалы для всех довольно
Здесь уходило в старый свет.
И дезертиры всех флотилий
Решали – лучше края нет.

И обойдя моря и страны,
Присягу бросив и фрегат,
В туман рвались они на шлюпках,
Заслышав звонкий водопад…

Северный Лимерик

Здесь быстро сохнет на ветру бельё!
И не нужны совсем воспоминанья...
Здесь незнакомки тихое признанье
Заменит Вам салонное враньё...
Здесь быстро сохнет на ветру бельё...

Макрель

Может вы обедали омаром,
Приготовленным в морской воде...
Вы, наверно, устрицы глотали
На поймавшем их недавно корабле...
Вы уже объелись осетрами,
Сигом, сёмгой, чёрною икрой...
Но вкусней макрели из коптильни
Не найдёте рыбы никакой!

Приезжайте!

Приезжайте на конец земли!
И забудьте о своих тревогах!
Третий день здесь нету пароходов,
Третий день не ходят корабли...

Здесь тяжёлый труд и тёплый кров,
До бела просоленные снасти.
Главная проблема здесь – ненастье,
Главная удача – перелов...

Незнакомка Вам здесь рада неспроста...
Здесь смешными кажутся обиды.
Здесь рука корявой Немезиды
Пропустила мимо рыбака!

Нашлась бы та...

Нашлась бы та, рыбачит кто с утра...
Кладёт поленницы и вяжет у камина...
На лодке в зыбь, кто не тошнит с борта,
Походка чья и речь нетороплива...

Нашлась бы та, чей книга—лучший друг,
Кто вечерами делает варенье,
Кто утром тихо песенки поёт,
Угадывая ветра направленье...

Я подарил бы ей большие города:
Париж и Лондон, Фриско и Майами.
Я лучшие отдал б ей острова
И на руках носил в Копакабане!

Начало осени

Клочок тумана пролетел,
Как будто дух из Преисподней...
И человек из подворотни
Вдруг оказался не у дел...

Пустыми кажутся обиды,
Когда бушует океан...
Ведь слуги древней Немезиды
Накажут за любой обман...

Не нужной кажется заря
На плоском тёмно-сером небе,
Под квадрацикла шум телеги,
Везущей под гору дрова...

Прекрасное

Прекрасней утра Океана
Лишь твои карие глаза...
Лишь разыгравшиеся дети...
Лишь небосклона бирюза...

Прекрасней ночи Океана...
Лишь тело белое твоё,
Лишь рот открытый твой упрямо,
Твоё французское бельё...

Но краше нет скалы упрямой,
Где пены синее жнивьё!
Прекрасней дня у Океана
На свете нету ничего.

Дед

Он в Швецию бежал не понарошку,
Их пограничный катер догонял,
И дрался он заточкою из ложки
И дважды от погони убегал…

Он на плотах сплавлялся не от скуки:
Алтай, Урал, Саяны и Байкал…
Курганов тюркских жилистые руки
Таскали камни, и жужжал лесоповал…

Его собак съедали тигры в Приамурье,
В болотах Хуанхезы голодал,
Но не было полезнее науки,
Чем брать за перевалом перевал…

С Скалистых гор спускал подъёмник трупы,
Но кто-то от лавины убежал,
И, как в последний раз, перекрестившись,
На льдине шторм кромешный дрейфовал…

Играет солнце в золотой обманке.
Стихает ветер – лучше время нет!
И на волнах Ньюфаундлендской банки
Всё ловит рыбу непоседа –дед.

Поэтессе

Приезжайте, милая, в Канаду!
Мы пройдёмся на краю земли…
Вы оставите свою помаду
В бухте, где разбились корабли…

Вы уроните свои серёжки
В речку, где лосось кипит в дожди…
Вы порвёте Ваши босоножки
На тропе, где шли индейские Вожди…

И когда румяная, босая, выйдете на пляж,
где тёпл Гольфстрим,
Вы поймёте, нет прекрасней края,
Но поэт и здесь совсем один.

Октябрь, 2013

Снова

Вот снова в хвостовом отсеке
На старом Боинге трясусь,
Туда, где чайки, словно дети,
Кричат мне и наводят грусть...

Где снова волны, словно мысли,
Одна – сильней, одна – слабей,
Бегут навстречу незнакомой
Толпе любовниц и друзей...

Где снова ураганный ветер,
И небо серое, как мышь...
Но лучше нет земли на свете
И от нее не убежишь...

Верёвка стонет бельевая,
Как будто ванты корабля,
Где пену в клочья разрывая,
Летит навстречу Вам земля...

И нет для шлюпки здесь спасенья,
Скал приближаются ножи...
И волей Броуна движенье
Обломки больше не видны...

Но пережив ночную бурю,
Поймешь ты цель, и путь, и смысл:
Не расплескать души остатки,
В качаньи жизни коромысл...

Flight 518, Deer Lake

Баллада о Пиратской Принцессе

Основано на правдивой истории

В бухте счастливых приключений
На острове Ньюфаундленд,
Родилась и живёт поныне
Одна из красочных легенд.

Здесь Пита Истана пираты
Построили свой крепкий форт
И уже дважды отразили
Специальный королевский флот.

На входе в бухту затопили
Пираты флагманский фрегат,
И стала бухта неприступной,
Так летописи говорят.

И отдан был приказ по флоту:
О Пите Истане забыть!
И снова начали пираты спокойно
В море выходить...

Четыре дня, но нет добычи,
И не спокоен океан,
Когда вдруг вахтенный заметил
Под датским флагом караван...

Пусть больше их! Поможет ветер
И бесшабашный экипаж.
И отдана была команда:
Готовиться на абордаж!

Отчаянно дрались датчане,
Но вот застрелен капитан.
И не спасти сундук с казною,
Им всем могила – океан!

Уже готовились пираты
Пустить датчанина ко дну,

Как кто-то женский всхлип услышал
В пожара яростном дыму...

И Гильберт Пайк ногою выбил
Каюты запертую дверь.
И ахнули головорезы,
Забыв о тяжести потерь...

Рыжеволосая принцесса
В плену датчанина была.
Ирландии Нагейра Шейла,
Бледна, прекрасна и юна!

Но нету времени в пожаре.
И Гилберт Шейлу подхватил,
И на последней самой шлюпке
Он от корвета отвалил...

Они отплыли сто фатомов,
Когда раздался страшный взрыв.
И долго падали обломки,
Он спас её собой прикрыв...

И думали уже пираты
Её доставить в Альбион,
Взамен на короля прощение,
Как разрешал тогда закон...

А Гильберт Пайк всё это время
На юте кровью истекал,
Но кто-то нежною рукою
Все раны вдруг перевязал...

И встала гордая Нагейра,
И тихо молвила она,
Что будет Пайку за спасенье
До гроба верная жена...

В бухте Счастливых Приключений
На острове Ньюфаундленд
Жила пиратская принцесса
На свете ровно сто пять лет.

Один

Опять, один, вдоль океана,
Иду, не зная сам, куда...
Мне не нужны чужие страны,
Их женщины и города...
Мне не нужна чужая слава
И боль чужая не нужна...
Опять, один, вдоль океана,
Иду, не зная сам, куда...

Destination

Посвящается Наде

И снова Боинг, будто лошадь,
Дрожит на взлётной полосе.
И снова нам поют турбины
Об ускользающей мечте…

И облака, как будто горы,
Где лыжников пропал и след,
И мы летим за островами,
Где горя не было и нет.

Куда летим? На юг? На север?
Где счастье, скалы и цветы?
Но нужно принимать решенье.
И остаюсь я там, где ты…

Ньюфаундленд (слева 2014 г., справа 2005 г.)

Она

Посвящается Наде

Мне попугай на Сент-Мартэне
Сказал когда-то о тебе,
Но не хотел я верить птице -
Пророчице, себе, судьбе.

Мне попугай сказал,
Что снова ты всё начнёшь,
Придёт она и позабудешь,
Позабросишь ты все другие имена.

Он не сказал, кто ты такая,
И юга, севера ли дочь —
И только море, только звёзды
Мне могут в поиске помочь...

И снова волны за кормою,
И зеленеют острова.
Мне попугай на Сент-Мартэне
Сказал, что ты всегда права.

Старики

1.

Девяносто два года старику на моторке,
Что спокойно уходит на прилив в океан.
И пускай волны зыбки, надо выловить квоту,
Ведь треска лишь неделю, и туман –
      не туман.

2.

Седьмой десяток за прицелом,
Олень, медведь, и волк, и лось.
И удавалось ведь такое, что никому не удалось!
Ревёт мотор, и слепят фары,
И появляется медведь.
И только метр до перевала,
И квадрацикла рвётся цепь.

3.

Шестьдесят лет – патруль –
Не полиция –горный, что спасает людей,
Наступивших в беду...
И подъёмник скрипит, словно двери в уборной,
Тех порош и лавин не считать никому...

Эпилог.

Пусть рыгает турист на волне утомлённый.
И несёт целлюлит свой по утру в фитнес-клуб.
И диету блюдёт, это было смешно бы,
Рыбаку и охотнику, и вообще, старику...

Жизнь на океане

Простую жизнь на океане
Хочу тебе я предложить.
Подруга, друг, приятель милый,
Не каждому дано вместить
Рассвет с китом на горизонте,
И водопады со скалы,
И сыроежки, и лисички,
И белые горой грибы...

И ты не гонишься куда-то,
И никого нет за тобой.
И всё, что видишь ты и слышишь –
Лишь скалы да морской прибой.

И здесь трески для всех довольно,
Лососей больше, чем людей.
И родников вода живая
Здесь бьёт сильней из-под камней.

И земляникой, и морошкой
Здесь край, как солнце, облучён.
И если что-то не хватает –
То наших русских, верных жён.

Ожидание

Ждать у моря погоды,
Ждать лосось у ручья,
Ждать ту девушку в баре,
Что как будто ничья.

Ожидание прекрасно:
Море манит волной
И лосось в перекатах
серебристо-стальной.
Незнакомка от Блока
Может всё же войдёт,
И степей ароматы
За собой приведёт.

Успокоилось море,
На бушприте роса,
Только вот нету ветра,
Чтоб поднять паруса...

Весь избитый и чёрный
Появился лосось,
И глаза в поволоке
Будто видят насквозь...

Вот и девушка в баре
Абсолютно одна,
Но такая, и вправду,
Никому не нужна...

И становится грустно,
Ведь проходят года,
Ожиданье прекрасно,
Результат – не всегда.

Воздух океана

Магичен воздух океана,
И без него прожить нельзя,
Куда б тебя не затянула
Узкоколейная стезя.

И если вкус его забудешь,
Ты к этой жизни не готов –
Становятся простые люди
Рабами банковских счетов.

Чудесный день

Чудесный день, давайте не спешить!
На полосе вечернего отлива…
Где станут сети рыбаки сушить,
Возня где чаек так не тороплива…

Мы будем целоваться не спеша…
И раздеваться, будто бы немые…
Пока горит закат, горит душа,
И волосы от солнца золотые…

Чудесный день, давайте не спешить!
В любви, и в дружбе,
В счастье, и в пороках!
Давайте ротозеев не смешить
На трассах гонок, скачках и порогах!

Пусть отдохнет усталая душа,
Пускай пружиной распрямится тело!
О, как ты раздевалась не спеша…
Как ты вздыхала, хохотала, пела!

У океана

Потрогай воду океана,
И соль почувствуй на губах.
И позабудь, что может скоро
Ты превратишься в тлен и прах.

И кто-нибудь другой когда-то
На этой станет же скале,
И тоже будет грустно думать
О несложившейся судьбе.

Вдруг океан, седой и грозный,
Затихнет, словно для тебя.
И ты поймёшь,
Что ты был тоже
Судьбы любимое дитя...

Там

Там вяжет дама у камина,
И книжку ей читает внук.
И спрятавшись в кустах, мужчина
Натягивает крепкий лук.

Взлетают утки на рассвете,
А на закат садится гусь.
И ночью звёзды, словно дети,
Смеются и уносят грусть.

Ручей с серебряной форелью
Сбегает шумно в океан.
И соловьи весенней трелью
Уставших радуют крестьян.

И пахнет водорослями море,
И костерок на берегу,
Где мидии шипят, открывшись
От жара в собственном соку...

И душу радует там кьянти,
И тихо музыка звучит.
Вдруг почтальон с письмом от друга
Тебе в окошко там стучит.

И Христофор с Бартоломео
Быть может плыли столько дней,
Лишь только для того, чтоб книги
Там написал Хемингуэй!

Пикадилли

Вновь на волне на деревянной лодке:
«Спаси нас Бог! Удачу нам даруй!»
Я мог бы жизнь всю просидеть за водкой,
Не заслужить последний поцелуй...

Я б мог гулять под крышами Парижа,
Платить гарсону и красоточке с Пигаль...
Я б мог всю жизнь прожить на Пикадилли,
Но Пикадилли вновь уходит вдаль...

Их несколько на свете Пикадилли...
Не всюду Вас доставит самолёт,
И, если никогда вы не любили,

Вам не узнать имён их пересчёт!

Волна всё выше, горизонт всё ближе...
Натуженней работает мотор...
Нам не узнать, когда и где, во сколько
Прочтётся наш последний приговор...

Cape St, George, Piccadilly Newfoundland

Бич Божий

Лесной пожар в Альберте

Изнасиловали землю...
Души, птицы и зверей...
Только никому на свете
Жить не стало веселей!

Побеждают пидарасы,
Льётся кровь и льётся нефть...
Только не осталось расы,
Чтобы землю пожалеть!

От индейцев резерваций,
Эскимосов наркоты,
Остается ощущение
Конца света пустоты...

И пока мы не очнёмся
От похабной суеты
И к природе не вернёмся-
Лес рубите на гробы!

Аляска

Мы поедем на Аляску
Через горы, через страх.
Снова мы поверим в сказку
О былых богатырях...

Мы увидим сарафаны,
Избы, церквей купола.
И поймём, что жизнь другая
Лучше всё-таки была!

Ситки елей нету краше!
Это русская земля!
До сих пор крестьянин пашет,
В поводу коня ведя.

Это русские девчонки,
Как тогда, с косой до пят,
В супермаркете на кассе
По-английски говорят.

И пускай медведи гризли
Вновь скребутся к нам в окно...
Пусть опять лосось на тризне,
Нам другого не дано!

Дед 2

Дед гоняет на моторной лодке...
Любит пиво и девиц из кабаре...
Дед почти совсем не адекватный –
Кувыркается в снегу он в декабре!

Дед опять собрался на Аляску,
Всё твердит: «Там—Русская земля!»
Он опять себе придумал сказку
Про Юкон, Клондайк и зимовья...

Норовит дед жизнь прожить по Куку,
Горы всё, заливы, острова...
И судьба всё Кука не в науку...
«Раз бывал он там, хочу и я!»

Дед, опомнись, сердце ведь, давленье,
Печень, почки, лёгкие, артрит!
Прекрати свои ты приключения!
«За друзей живу я»,-говорит!

Всё равно!

Мне всё равно Нанаймо, Бодайбо ли...
Всё те же сопки, золото и спирт!
Я жизнь прожил давно за половину,
И всё быстрее календарь бежит...

Мне всё равно – Майями ли, Гавана...
Залив всё тот же, рыбы тоже те...
И те же самые кубинские красотки
На разогретом похотью песке...

Мне всё равно: пингвины ли, дельфины...
Ныряя, приближаются к корме.
Я жизнь прожил давно за половину,
Земля всё та же, люди вот не те!

Американская свобода 2013

Накрыли тазиком свободу!
Уже нигде нельзя курить,
И плюнуть вслед нельзя уроду,
И голубому нагрубить!

И матом здесь нельзя ругаться,
И с девушкой заговорить,
Куда же фермеру податься?
И где ковбою грусть залить?

Но утром пить нельзя с похмелья,
И ночью позднею нельзя...
Ведь от унылого безделья
Тебя соседи отследят!

Твой телефон ВСЕГДА прослушан,
И текст компьютера прочтён,
И бесполезно дуть им в уши,
Не позволяет их закон!

13 ююня,2013

Просёлочная Америка

В Американских сонных городках
Шериф и Пастор управляют миром,
И старики склонились над кефиром
В Американских сонных городках...

В Американских сонных городках
Пьют в Пятницу, а Церковь—в
        Воскресенье.
И нету там ни счастья, ни везенья -
В Американских сонных городках...

В Американских сонных городках
Никто не вспоминает Хиросиму...
Афганистана гнев невыносимый
В Американских сонных городках!

Прощание

Прощайтесь, будто навсегда,
Судьбы своей совсем не зная,
Пока улыбка дорогая
Так красит милые глаза!

Прощайтесь, всех кругом простив,
Не увозите зла в дорогу!
Как ту девчонку-недотрогу,
Что вы обидели, забыв...

Пусть помнят Вас весёлым, нежным,
Таким находчивым всегда...
Не зная, где в снегу безбрежном
Замёрзнет поздняя слеза...

Юконская песенка

Вторые сутки шпарим по Юкону,
И Форд опять рычит на перевал…
И в зеркало ты смотришь, как в икону,
Того, кто это для тебя создал.

От голубых озёр глаза устали.
А вечерами – розовый туман…
Но надо нам добраться до Денали,
А остальное всё- оптический обман!

Здесь золото есть даже под асфальтом…
А сопки здесь – расплавленный нефрит.
И всякий тенор быстро станет альтом,
Как только гризли в них заговорит…

Здесь рыба в реках скачет, как шальная,
Опять дорогу перекрыл бизон…
Но надо нам добраться до Кодьяка,
Услышать Ситки колокольный звон…

Тайга здесь больше и красивей, чем в
        Саянах.
А в Альпах отдыхают ледники…
И если Вам чего-то не хватает,
Пошляйтесь по Юкону, мужики!

17 августа, 2013, Юкон

Мадаваска

На реке Мадаваска,
Где индейцы живут,
По утрам- все стреляют,
Вечерами—всё пьют...

Томагавок индеец
На винчестер сменил,
Но топорик войны -
В землю он не зарыл!

Здесь медведи и лоси,
Форель и олень...
На реке Мадаваска
Начинается день!

И закон, что для белых-
Для него—не закон!
Пусть нельзя бледнолицим,
Для него—всё в сезон!

Он не платит налоги,
Острогой рыбу бьёт...
На реке Мадаваска-
Моторка ревёт...

Клондайк

Клондайк и золото Юкона!
Как соблазняли вы меня!

Но не осилить Рубикона,
Семьи и теплого жилья...

Здесь мир красив, как будто новый.
И только сильный победит!
Пусть за упряжкой ездовою
Другой мальчишка побежит!

16 августа, 2013

Граница

Мне бы только добраться до Канадской
    границы...
Добежать, долететь, доскакать и
    доплыть...
Тем маршрутом, куда тянет гусь
    вереницей,
Где кленовый листок всё позволит
    забыть...

* * *

Так бежали когда-то:
Индейцы Дакоты,
Негры Луизианы,
Проститутки Парижа,
Безработные Рима
И ДиПи всей Европы,
Кто мне все-таки ближе
Нуворишей бесплодных...

Ninylchik

Русская река, розовый лосось,
Рад я, что тебя встретить мне пришлось...
Здесь Касилов жил, золото в горах,
И Матанушки имя в ледниках.

Здесь Баранов знал 200 лет назад,
Как непросто быть деду в стариках...
Нерест здесь хорош, церковь да океан,
Он Нинульчика старикам отдал.

14 августа, 2013, Russian River Camp

Плевок Гомера

Гомер здесь плюнул, на краю земли,
А Кук всё это точно описал...
И рассмеявшись, словно древний грек,
Себя он Одиссеем представлял...

Но нету славы в этих ледниках...
Лишь золото да маета разлук...
И на погибель, в южные края,
В Калипсо сети парус поднял Кук!

14 Homer spit, 2013

Кодьяк

Мы с Вами встретимся на острове Кодьяк.
Пусть нас благословит Аляски Герман.
Пусть проблесковый не умрёт маяк,
Чуть-чуть наивной, но упорной детской
    Веры.

7 августа, Юкон.

Трансамерика

Манхэттен, Баффало, Чикаго,
Висконсин и Дакоты пыль...
И вот уж ослики Монтаны,
Мы сказку превратили в быль!

Бушует гейзер Йеллоустоуна,
И открывается каньон...
А дальше—горы Вашингтона
Готовят Вам филе миньон...

И вот за башнями Сиэтла
Вздыхает Тихий океан.
И нет вкусней на свете ветра,
Чем из заморских дальних стран!

Аляскинский дневник еще...

Ещё остался кое-кто в живых!

Ещё остался порох в ягодицах...
Ещё мы можем спорить о девицах!
Увы, уже не очень молодых...

Баффало, 1 августа, 2013

Здравствуй, Тайга!

Посвящается моим дорогим друзьям – лесникам,
таёжникам Диме и Гале Леоновым.

Уносится вдаль шум вертолёта,

Мы снова с тобою вдвоём, Тайга!
Сначала – горельник, потом – болото,
А дальше в сопки уходит тропа...

Ты не прощаешь ни труса, ни жмота...
Ведь жизнь – сурова, а цель – проста:
Сначала – горельник, потом – болото,
А дальше – в сопки уходит тропа...

Промокнешь не раз от дождя и от пота,
Здесь лучше мошки – лишь холода...
Но ты запомнишь гольцы и болота,
И как в порогах бьётся река...

Но вот он снова, шум вертолёта.
И, значит, нам собираться пора.
Весёлой рукой молодого пилота
Уносимся снова мы к Вам, города!

Пройдёт зима, в тоске и заботах
Пахнёт костерком вдруг от рюкзака...
Весёлый парень, пилот вертолёта,
Пусть ждёт нас там, где шумит Тайга!

Аляска хайвэй

Проехав раз аляскинским хайвэем,
Ты самородок жизни подержал...
И счастлив ты, наверно,
Если кто-то немного о тебе переживал.

Не дай Господь сломаться той машине,
За триста километров от жилья...
И ты, шофёр, молись своей резине,
Чтобы она тебя не подвела!

Здесь нефть и золото, лосось и древесина.
И у девчонок наши имена.
Америка не стала бы всесильна,
Если б Аляска русскою была!

Принц Джордж, Форд Нельсон,
Уотсон Лэйк и Доусон,
Юкон, Клондайк и Русская река...
И ты в горах три тыщи километров,
Чтобы потрогать эти имена!

Ты много видел и, наверно, думал,
Что в жизни ты к опасностям привык...
Но вот опять туман на повороте
И под сто сорок встречный грузовик...

9 августа, 2013, день памяти преп. Германа А.

МакКинли

Снова нас зовёт к себе МакКинли,
Что сверкает выше облаков…
Где весна лососем на стремнине
Промелькнёт стрелой и будь таков!

Где Денали, если вы не знали,

Сладко спит семь месяцев в году
В трёхметровом снежном одеяле,
Под мороз, зарницы и пургу…

Золото, нефрит, форель и птицы
Долго ждут весенних ручейков…
Если не увидишь – не приснится,
Промелькнёт стрелой и будь таков!

Снова под тобой бежит Талкитна,
Ты к иллюминатору приник…
Если будет добрым к нам МакКинли,
Нас пилот посадит на ледник!

Снова нас зовёт к себе Аляска:
Ном, Кодьяк и Русская река,
Где живёт ещё о предках сказка,
Где Баранов строил на Века!

Если по ночам тебе не спится
От ручьёв, тайги и ледников,
Покупай билеты на Анкоридж,
Рюкзачок, такси и будь таков!

Советы деда

Бери по Сеньки шапку
И по руке – топор!
Иначе жизнь напишет
Нелестный протокол!

На лыжах бегай старым,
По девкам – молодым,
Себе, чтоб не обидно
И не смешно другим...

Не лезь в чужие сани,
И не дразни гусей!
Увидишь ты, что сразу
Жить станет веселей!

Не плюй с плеча в колодец,
Не трогай каравай,
Но главное – что бисер
Ты свиньям не бросай!

Песенка эмигранта

Меня любили женщины и дети,
Но не любил ОМОН, ГАИ и ВОХР,
И я решил, что где-то на планете
Есть место веселее, чем наш двор.

Меня любили мадемуазель в Париже,
Индуски в сари, кошки во дворе,
Меня любили звери в зоопарке,
Но не любил меня СекюритЕ.

Меня любили сеньориты в Риме,
Меня любили негритянки в Чад.
Меня ласкали Мексики богини,
Но не любил меня Секьюридад.

Я был в Иране и Судане,
Ирак, Афган, Катар и КНР.
Меня любили даже марокканки,
Но не любили ФСБ и ФБР.

Ловлю лосось с индейцами Канады.
Мои друзья – их лайки, млад и стар,
Но понял я: и здесь жизнь – не подарок,
Меня не любит О-Пи-Пи* и эМ-эН-аР*.

Я в дрейфе с эскимосами на льдине.
Тюленей ем и расстрелял запас петард.
Меня любили белые медведи,
Но почему-то не любил меня Кост Гард.

Я в Сомали – радист и переводчик,
Жду выкупов, играю в домино.
Я миномётов неплохой наводчик.
Раз так не любят – будет им за ЧТО!

*ОПП—Онтарийская Провинциальная Полиция
*МНР—Министерсво Натуральных Ресурсов

Тропа

От бабьЯ и от стёба уйдёшь ты,
Лишь Алтайской тропой да Юконской
      водой...
Там ведь ветер звенит по-другому,
Там ведь золото спит под горой.

Там ведь ждут тебя ещё пороги.
А не насморк и в угаре города...
Там простые Джека Лондона герои
Оставляют свои души навсегда.

21 сентября, 2013 г

Проходит лето

Проходит лето – проходит жизнь!
Пестрят газеты морем лжи...
А самолёты, поезда
Спешат куда-то, как всегда –
Зовут большие города
И голубые острова.
Зовут озёра и плоты
В порогах бешеной реки!
И гейзеры, и ледники,
И водопады и ручьи...
Зовёт нас Тихий океан,
И ветер, что из дальних стран..
Но за столом сидят друзья,
Устав от снеди и питья...
И вспоминают: « Вот тогда... Париж был
        чище...
И вода... в Ламанше голубей была!»
Но скоро впереди—дожди,
Артрит и почки—жди-не жди...
Так прыгай в лодку и плыви!
Туда! И с тем, с кем по пути!

Аляска, 2013 г.

Бродяги Его Величества

Нам грело души испанское вино...

Весь мир смотрел на сталь Толедской
        шпаги!
А нам, конечно, было всё равно,
Ведь мы его Величества Бродяги...

Его Величество наш Случай, наш Монарх,
Он слал нас по миру, как будто осень
        птицу...
Давно всё было решено в верхах,
Не ясно лишь, где нам остановиться!

А Королева, наша Госпожа, Удача
Гордо правила над нами.
И поднимали мы за разом раз
Ее в боях простреленное знамя.

Любили женщин и любили нас!
От Токио и до Копакабаны...
Но ни одной не удалось обнять
Так, чтоб забыли мы чужие страны...

Нам греет души аргентинское вино...
Войну готовят лжецы и доходяги...
Но только победить им не дано
Пока есть мы, Его Величества Бродяги!

Письмо другу

Не грусти!
И жизнь держи за руку!
Девушек красивых обнимай!
Поезжай в Америку, в Европу,
Счастье в Гондурасе попытай!

Убегай от негров по аллеям,
В мексиканца пьяного стреляй...
В Православной Церкви в Каракасе
Ты поймёшь, где поворот на Рай!

И, загнав в упряжку на Юконе,
Самородки привезя домой,
Будешь ты рассказывать внучатам,
Кто был дедушка у них такой!

12 ноября, 2013

Палатка

Тихо печечка трещит...
Брезент с ветром говорит.
То, о чём-то всё хлопочет,
То внезапно замолчит...

Подо мной полметра льда,
Двадцать семь – воды до дна.
Мы приехали за сигом,
Только сига нет пока...

Будет ёрничать супруга,
И ехидствовать друзья-
Два часа на снегоходе,
Чтоб в ладошку окуня!

....
Только хорошо в палатке
У трещащего огня.

Юкон, 2013 г.

Земля викингов

Нательный крест от серы порыжел...
Вулкана пепел все следы засыпал...
И гейзер, плюнув, всех кругом обидел...
А камнепад мне уши заложил.

Исландия, сентябрь, 2015

Островные страны

Обойдя кругом ледник и гейзер,
И с разбегу прыгнув в океан,
Понял я, что островные страны
Интересней многих прочих стран...

У девчонок здесь глаза нежнее...
Зеленей трава, желтей песок...
Но за это пепел от вулкана
Мне сильней посеребрил висок!

Мне за это гейзер громко плюнул,
Хохотал по скалам камнепад,
Айсберг раскололся вдруг и ухнул...
Берегут они своих девчат!

Далвик, Исландия, 2015

Черный пляж

Ворчал и шепелявил гейзер,
По волнам котики носились...
А рожи Босха из пещеры
Смеялись, злились и молились.

Исландия, сентябрь, 2015

Акурейри

Побросав бычки в вулкан и гейзер,
Раз пятнадцать плюнув в водопад,
Мы поехали на Север в Акурейри,
Где с восходом вдруг встречается закат...

Хороши девчонки в Акурейри –
Всё на месте – ноги и глаза!
Рокуэлла Кента вы спросите,

Как не просто здесь нажать на тормоза...

А снега всё те же, Рокуэлла.
И, похоже, не растают никогда.
Лучше холод, волны, снег и ветер,
Чем вулкана ропотанье иногда...

О Фиорд

В краю извечных ледников,
Неутомимых водопадов,
Ах! Если б ты хотела!
Я б жил с тобой, моя отрада!

Я б даже разводил овец,
Среди лавин и камнепада
И в море б за треской ходил...
Всё для тебя, моя отрада!

Ледник Викингов Glacier Lagoon

Ледник сжимался и страдал...
Куски от тела отрывались,
Потом они в потоке мчались...
И каждый очереди ждал
У входа в устье в Океан,
Где ветер из далёких стран
Пытал их, мучил и ломал...

Исландия, сентябрь, 2015

Вечерок на озере Миватн

Набился в уши вулканический песок,
В горах гудел и надрывался ветер...
Внизу плевался бесноватый гейзер...
А вообщем-то спокойный вечерок!

Исландия, сентябрь, 2015

Третья рука Викингов

Когда гиганты шли в атаку,
Себя и встречных не щадя...
В момент сближенья рукопашной
Щит вылетал из-за плеча!

И две руки вступали в дело
С мечом, трезубцем, топором...
И враг в испуге отупелом,
Бежал, как громом поражён!

Ведь Викинг – самый лучший воин,
И так он был непобедим!
В момент нужды, щитом прикрытый,
Он оставался невредим!

Девчонка ловкая, подросток,
Шла за спиной богатыря,
И повторяла все движенья,
И оставалась невидна...

И щит выбрасывала ловко
Натренированной рукой
И танцевала пируэты
За мощной, потною спиной

Необязательно подруга,
Порой – ребёнок- сирота...
Их много гибло...
Те, кто выжил, роднее были,
Чем жена!

Ворота в Ад Викингов

Шипела серой здесь и плавилась земля...
Здесь не растут ни мох, и ни лишайник...
Забудь, турист, свой котелок и чайник!
Здесь непригодна для питья вода...

Здесь серы камни, небо и песок,
Пыль от вулкана забивает уши...
И водопада нож здесь режет души
И в горле образуется комок!

И если не доволен ты судьбой:
Женой, страной, убогими правами,
Неделю только проведи здесь с нами
И будешь счастлив по пути домой!

Плато водопада Деттифосс,
Исландия, сентябрь, 2015

Второе письмо другу

Нам еще сгонять бы в Патагонию!
Нам бы обогнуть еще мыс Горн!
А потом уж можно и расслабиться,
Все равно, что будет там, потом!

Будем мы дремать по-стариковски!
Вспоминать Саяны и Байкал...
Иногда рассказывать внучатам,
Как красив в Рейкьявике причал!

Как блистают ледники Аляски,
И Мак-кинли—выше облаков!
Как лосось накормит всех голодных:
Гризли, человека и волков...

Как бегут упряжки на Юконе,
Там, где снегоходам не пройти!
И как греет душу дым избушки,
Встреченной случайно по пути...

Как треска Ньюфаундленской банки
Так клюёт, что градом льётся пот!
И как очень важно подтянуться,
Ухватившись лишь за лыжу, в вертолёт...

Баллада о лесе и падении Викингов

Исландии холмы зеленой –
Ведь здесь могли б расти леса*!
Я думал в джипе, мчась на Север,
С тоскою глядя в небеса…

И точно: фермер не ленивый,
У горки там, где, водопад,
Когда-то посадил деревья,
Не парк, быть может и не сад…

Но есть защита от лавины,
Грибы и тень через плетень,
И ветра меньше в половину,
Который дует каждый день!

Ведь есть же ели в Акурейри,
Растёт и пихта, и сосна,
И лиственницы поседели,
Когда вдруг выпала роса…

Но только это—капля в море!
Пылинка в гейзера столбе…
Из вертолёта и машины
Вы лес не видите нигде…

Но вот попался нам историк,
Дотошный местный рун знаток,
Кто ужасы тысячелетья
Понять и объяснить помог…

Величье Викингов – Берсерков
Царило в тёмные века –
И лучше стали их оружья
Не знали кузницы тогда!

Исландия была лесистой,
И строились тогда ладьи,
Дома, сосною золотистой
Вовсю топились очаги...

Рубился лес, рубили много –
Ещё на уголь его жгли...
И для того лесоповала
Из всей Европы шли рабы!

Так продолжалось лет под триста,
И пол Европы покоря,
В Канаде и в Балтийском море
Ладьи бросали якоря!

И не было дружин сильнее,
Косматых, яростных повес,
И не было оружья лучше!
Но только вот кончался лес...

И стало холодней в землянках,
А океан ломал ладьи...
И меньше для оружья стали
И вывелись богатыри!

Закон природы беспощаден!
И если лес не бережёшь,
Не думаешь о внуках внуков –
С любым Величьем – пропадёшь!

°Автор – лесник, к.б. н., уже сорок лет работает
в лесных службах России и Канады.

Любовь за Океаном

На другом конце земли
Кто – то думал о Любви…
И молились там о счастье,
Но себя не берегли…

Против ветра, волн и бури
Шли на Запад корабли,
Потому что невозможно
Жить на свете без Любви!

Исландия, сентябрь, 2015

Ворон Викингов

Чёрный Ворон Викингов каркал мне с
    утра,
Что настанет скоро страшная пора.
Позабыты руны, саги и бои,
А над миром правят злые упыри!
Стало меньше рыбы, вырубили лес.
Ходит подбоченясь даже мелкий бес...
Не заходят в бухту котики, киты...
В клубах заседают разные скоты...
Нового вулкана ждать всего пять лет!!!
Мне прокаркал ворон, всем послав
    привет...

Исландия, сентябрь, 2015

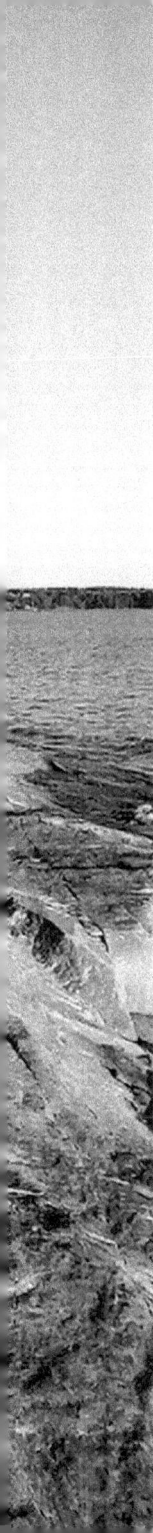

4

На злобу дня

На плато Путорана

На плато Путорана,
Где олень не уйдет!
Над заснеженной тундрой
Кружит всё вертолет...
И по белым просторам
Хлещет всё СКС!
Человек—Царь Природы?
Или все-таки—Бес?

Большая Медведица

Такой Большой Медведицы
 Давным давно не видел я!

Наверное с Архангельска,
 А может быть с Урюпинска…

Но только мы не севере
 Онтарио провинции…

И снова на моторках мы,
 И водной нет полиции!

 И светит нам Медведица,
 Бродягам неприкаянным,

Не очень-то счастливым,
 Зато вполне отчаянным…

 Отчаянным в молчании,
 В любви и ожидании.

Все дети мы Медведицы,
 Кто поздние, кто ранние…

Вечер на Гуроне

Садилось солнце в воду за камнями...
Затих зюйд-вест, и замолчал прибой.
И этот вечер, эти сосны, этот камень
Теперь остались навсегда с тобой.

Дрова закончились, и выпито вино...
Но снова встанет солнце над камнями...
И попрощавшись с недоспавшими друзьями,
Ты вдруг поймешь, какое счастье Вам дано.

Жизнь удалась...

Жизнь удалась: карьера, муж и дети!
И вы на людях счастливы вполне...

Но всё равно, глухими вечерами,
Вы иногда приходите ко мне...

И мы молчим, лишь слышен треск
    одежды...
Лишь губы в кровь, да души—пополам!
В любви и счастьи были мы невежды...
До той поры, как я приснился Вам!

Жалобы с кэмпинга

Олени каждый день приходят!
Медведь нагадил на дороге...
А наглые бурундуки и белки,
Свистят,как урки на пороге.

И солнце светит беспрестанно,
А ветер дует непрерывно...
Не та залезла мне в палатку,
Все так противно, так обидно!

Воспоминаний города

Воспоминаний города
Стоят, как тени у порога…
Где ты, девчонка-недотрога?
Что вдруг обиделась тогда…

Иркутск и Бийск, Париж и Вава…
Челябинск, Калгари, Детройт…
И Вологды старинной Слава!
И над Сент—Джоном небосвод…

Нью-Йорк, Рейкьявик и Анкоридж,
Зима, Осташков и Донецк…
Почти повсюду—правит сволочь…
Но скоро им придёт конец…

Сиэтл, Ванкувер и Гавана…
Москва и Питер! И Усть-Кут…
Ты улыбнись, Копакабана!
Меня, девчонка, не забудь!

Поздняя осень

Никогда не любила,
Но любили тебя...
В придорожных канавах
Замерзает вода...

Гуси вот пролетели...
И желтеет листва...
Нам остались недели-
А быть может года?

Мы не знаем: ни цели,
Ни зачем, ни когда?
В придорожных канавах
Замерзает вода...

Замерзают и души:
На сезон? Навсегда?
Знал бы место посуше -
Шёл наверно б туда...

Бабье лето...

Бабье лето снова в разгаре!
То-то тётеньки разошлись!
И в осеннем, последнем угаре,
За уздцы снова дергают Жизнь!

Ну а Жизнь- не такое видала!
Прёт лосось! И стреляет таймень!
И огромная южная стая
Тень наводит на чей то плетень...

И грибы—как к войне косогором...
И горит Калифорнии лес!
И под каждым невзрачным забором-
Зубы скалит полуденный бес!

Домик с геранью...

Маленький город, домик с геранью...
Жёлтые листья осенью ранней...
Пахнет и Хлебом! И дымом, и мёдом!
Осень порхает над огородом...
А у камина—милая Леди...
Нет НИЧЕГО прекрасней на Свете!

Чёрная пятница

Он был одним из тамплиеров,
Родоса лучший капитан!
Удача выпала галерам,
И перепуган был султан!

И перепуганы монархи,
И Папа Римский удивлён...
Под флагом черепа с костями
Уже рождался новый трон...

Но не простил Филипп Красивый
Победы их, свои долги!
От Чёрной Пятницы арестов
Спаслись одни лишь моряки...

Был в этот день попутный ветер,
Им солнце указало путь...
И приказал он рулевому:
«Про курс на Родину – забудь!»

Погони не было в тот вечер,
Все знали: лучше флота – нет.
И флаг с скрещенными костями
Встречал Атлантики рассвет...

Зюйд-Вест крепчал,
И было вдоволь и провианта, и воды...
Так уходили тамплиеры
От Света Старого Судьбы...

И нет в Европу им возврата!
Но лишь однажды в Росселин
Боцман с разбитого фрегата
Даставил копии картин...

На них алоэ с кукурузой,
Каких не видел Старый Свет...
А до рождения Колумба
Ещё осталось много лет.

Помолись за меня, грешника...

Ты поставь за меня свечечку,
Помолись за меня, грешника...
Попроси прощенья у Боженьки,
Чтоб ушёл я с кривой дороженьки!

Не нужны мне ни злато, ни серебро...
А вернуться бы мне с Севера!
Мне не надо палат каменных...
Мне б поесть пирогов маминых...

И побыть бы с тобой рядышком,
Да пожить бы мирком, ладышком...
Да забыть бы, как кости мелются...
Помолись за меня, грешница!

Мы—не рабы?

Мы живём в отвратительном веке...
Где всё время так заняты все...
Вроде мы—не рабы, не калеки,
Но оброк славно платим везде...

Крепостные страховок и банков,
Ссуд, кредитов, машин, ипотек...
Разве мы—не Рабы? Да Рабы Вы!
Рассмеётся в ответ гадкий Век...

Не пиши!

Не таким, как все, посвящается.

Ты мне сказала- не пиши!
И я запомнил...
Мне говорили—не дыши!
Но я не понял...
Мне говорили—не спеши!
Живи как надо!
Но друг на друга шёл войной,
А брат—на брата...
Мне говорили—будь, как все!
Ходи на службу...
Но я любил тогда ещё
И верил в дружбу!
И я решил: быть, как они?
- Себе дороже!
Ну а судья и прокурор -
Такие рожи...
Я навсегда с мечтой
Простился на перроне...
Ну а конвой—играл в "очко"
На перегоне...

Равнодушные женщины

Равнодушные женщины—
страшнее гулящих...
Лживых, пьяных, кричащих,
о себе много мнящих...
Равнодушные женщины—
не годятся в романы!
В сёстры, в крёстные мамы,
В тётки, бабки, супруги,
В содержанки, подруги...
Равнодушных везде—
Берегитесь, бегите!
Уезжайте, плывите,
Ныряйте, летите!
В самолёте и яхте,
В купе и в кокпите—
Равнодушных с собой
Никогда не берите!

А на вокзале Сэнт—Лазар...

А на вокзале Сэнт—Лазар
Арабы грустные сидят...
И не нужна им больше Мекка,
В ДеВиль Трувиль они хотят!

Вот Кеннеди аэропорт,
Где за уродом прёт урод...
И думает, что всех "сильнее"...
Вот до чего дошёл народ!

Но и в Находкинском порту -
Не Мы сидим на берегу!
А больше как-то всё китайцы...
Готовят всем нам киргуду..

Школа жизни...

"Мы все учились понемногу..."
А.С.Пушкин

Мы все учились понемногу,
Но к сожалению, "как-нибудь "!
И, выйдя на судьбы дорогу,
Наивно думаем свернуть...

Презрев генетики законы
И сотни непрочтённых книг,
Идём упрямою походкой,
Как нерадивый ученик...

И думаем, что мы узнали
И смысл, и стиль!
И вкус и толк!
А Парка про себя смеётся..
И Ангел плачет в уголок...

Я тебе благодарен!

Я тебе благодарен!
Что не стала моей…
Избежав расставаний,
растрат и терзаний…
И завистливых взглядов
симпатичных парней
в ресторанах, вокзалах,
и во время купаний…

Я тебе благодарен,
что опять не лететь
мне с тобою в Париж,
не болтаться в Нью—Йорке.
И не прыгать опять,
как тогда, между крыш,
не нырять со скалы,
не скучать на Майорке…

Мы закроем роман
предисловье прочтя…
Зная только, что грусть
снова ждёт в эпилоге…
Я тебе благодарен,
что опять не моя!
Не стоишь и не плачешь,
как тогда, на пороге…

На берегах Онтарийских озер...

На берегах Онтарийских озёр
Мучит сохатых мошка,
Точит осину упрямый бобёр,
Смотрит медведь из леска...
С камня на камень свистит бурундук:
Здесь не прошёл Иезуит!
Выпь и сова напугали его,
Был он мошкою отбит...

Мизантроп

Мне всё равно: что лава—что потоп,
Овчарок лай—или Карибский кризис...
Я видел всё: алмазы и говно!
Я на Шаламове да и на Ницше вырос...

Я видел всё: от лучших в мире жён -
До проституток портовых борделей...
Но я ни разу не был поражён
Каким-либо отличием в их теле...

Не удивляясь подлости людской,
И глупости, и к золоту пристрастию...
Я понял, что обычай их такой:
Из долларов лепить кумирчик счастью...

Жалобы с кэмпинга

Олени каждый день приходят!
Медведь нагадил на дороге…
А наглые бурундуки и белки,
Свистят, как урки на пороге.

И солнце светит беспрестанно,
А ветер дует непрерывно…
Не та залезла мне в палатку,
Все так противно, так обидно!

Калязин

Я уеду к бабушке в Калязин,
В мир изгибов Волги вековой.
Я уеду в древний мой Калязин,
Только там есть для души покой...

Там под звон старинной колокольни,
Тихо в воду весла опустя,
Я прощу врагов, друзей и близких,
Широко себя перекрестя.

Буду я окучивать картошку,
И гонять почтовых голубей...
Я забуду о тебе немножко,
И о жизни прожитой своей...

Окуней надергав на ушицу,
Отпущу нахального ерша.
Судака я отнесу соседке,
А соседка, правда, хороша!

Подмигнув вихрастому мальчонке,
Подопру я горбылем забор...
Задержу подольше чем обычно
Взгляд в соседки разведенной двор...

А может

А может... поиграться нам в любовь?
Дарить цветы, стихи и безделушки...
Твой профиль вышить на моей подушке
И может счастье подмигнёт нам вновь?

А может... поиграться нам в семью?
Кот и собака, домик с огородом...
Не знаться с надоевшим нам народом,
Ватрушки печь, гулять, ходить к ручью?

Гей-парад в Торонто

Вот снова веселятся педерасты...
И снова где-то льётся чья-то кровь!
А мальчики с отрезанной пиписькой
И девочки с пришитой скачут вновь!

Они уже совсем не понимают
Итоги не объявленной войны:
Пусть только негры в Африке рожают,
Или китайцы – у своей стены.

Забудут мальчики, каким бывает папа,
А девочки – какой бывает мать...
Но генным инженерам так и надо,
Начнут клонировать таких опять!

Ведь педерасты драться не умеют!
А лесбиянки думать не хотят!
Пусть вся Америка себе квиреет,
Катясь тихонько по дороге в ад!

Забыли ВСЕ истории уроки:
Содом, Гоморра, Греция и Рим!
Удержим ли Россию от позора –
Решать придётся только нам самим!

В энцефалитке старенькой

Посвящается друзьям-
экспедиционникам.

В энцефалитке старенькой,
В кирзовых сапогах,
Мы шли тайгой и думали
О сказочных мирах...
А сказка была рядом!
Но чтоб ее найти -
По марям и горельникам
Пришлось не раз пройти...
Мы думали о девушках,
Похожих на Ассоль...
Ассоль стояла рядом,
Смотрела сквозь буссоль...

Позитив

"Дымится крошечный заводик,
Лепечет мелкая печать,
Без хлебцев маленьких народик
Заметно начал вымирать..."

Жан-Пьер Беранже

Кругом сплошной весёлый позитив!
Крепчал народ, мельчали олигархи,
Стояли в очередь венцы сдавать монархи...
Читал за сценой кто-то нарратив...

Всё здорово! Но верится с трудом...
Ведь обезьянка править не умеет,
Известно, волки как овец жалеют,
И как дружила щука с окуньком!

Недолго длилось это представленье:
Под смех и шёпот, топотанье ног...
Опять народ поставлен на колени
И вдвое увеличили налог!

Уберите эту драму!

Уберите эту драму!
И Навального, и даму!
Полицейскому в Нью-Йорке
Ты попробуй, выбей зуб!

Уберите профурсеток!
И мажоров—малолеток!
Из баллончика в Детройте
Ты в Гвардейца прыскани!

Там—стреляют: быстро, четко,
Наповал! И эта тетка
Не подумает "протесты"
В "Демократии " лепить!

Воровство—инстинкт:
Евреи, в подчиненье Моисея;
И у Грозного бояре;
И у Шуйского стрельцы!

У Романовых так крали,
Что приснится Вам едва ли!
Ну а в Зимнем пили, жрали,
Когда всюду—голодали!

И совсем не виноваты
Были в том аристократы!
Ни наркомы, депутаты...
Воровство—инстинкт людишек,
Тех, кого оставил Бог...

Дороги железные

*Посвящается строителям
канадских железных дорог
1860-1960*

Когда вели на Север паровозам
Дорогу через топи и тайгу,
Не помышляли, что по первому морозу,
Спустя сто лет, их рельсы разберут...

Когда взрывали скалы динамитом,
Шурфы кайлом с кувалдою рубя,
Не думали, что будет позабыто,
Что делали совсем не для себя...

А ледоход сносил быки проворно,
И исчезала насыпь в плывунах,
Но думалось, что этот труд упорный,
Останется как памятник в веках!

И вот пошли на Север эшелоны:
Жирел купец, батрачил люд простой...
И убегал на Запад от безродья,
И вырубок тайги теперь пустой!

Сто лет – как миг! Железку разобрали,
В угоду от «нефтяшки»—королям...
А рельсы в бритвы мы перековали,
Чтоб ноги брить, а также там и сям...

Абакан

Далеко, на реке Абакан,
Там идут проливные дожди.
Из чужих и загадочных стран
Гуси их за собой привели.

Через бурный летя океан,
Через степи иной стороны,
Через горные цепи Саян,
Чтоб почуять дыханье весны.

Как стреляет по плёсам таймень,
Как багульник на сопках цветёт.
Как столетний развалина-пень
Кедру новому жизнь отдаёт.

Как зелёным колышет тайга,
И мошка на болотах гудит.
Как на склонах кричит кабарга,
И изюбрь вечерами трубит.

Кратко лето реки Абакан.
И опять зарядили дожди.
Собираются гуси на юг
От сибирской зимы и нужды.

От колючих заснеженных зон,
От седой молчаливой тайги.
Выполняя природы закон,
Гуси нас за собой повели.

Будет трудно и грустно в пути,
Через горные цепи Саян,
Через степи иной стороны,
Через серый и злой океан.

Всем вернуться весной не успеть,
Из чужих и загадочных стран,
Где придётся и мне умереть
Далеко от реки Абакан.

Месячник ЛГБТ в Торонто

Вот опять ликует голубой!
С волосатой, бородатою "женой"...
Разрешили им детей усыновлять!
В "церквь" ходить и бенефиты получать!

Ну а в "церкви" будут их "венчать"!
"Исповедовать" и даже "причащать "...
Только нам все ето не понять,
Будем мы тихонько вымирать...

Чтоб ротшильдам было легче управлять,
Детям не нужны отец и мать!
И не нужно больше воевать...
Проще способ есть рождаемость снижать!

Я в кафе в Париже посижу

Я в кафе в Париже посижу...
На арабов и индусов погляжу...
Вот один в чалме, другой—босой...
Он не то что бедный—он другой!

А "других " нас заставляют уважать!
Он не знал, что зад то надо вытирать!
Он не знал, как туалет спускать...
Руки мыть и тоже вытирать...

И его не надо обижать!
Не учили, блин, его отец и мать!
Он пособье хочет получать!
Как его за это осуждать?

А вокруг—гуляет пидарас...
Смотрит пристально,
Наверно хочет Вас!
И его не надо обижать—всех на свете надо
    уважать!

Пидарас совсем не одинок!
Педофилы, зоофилы—дайте срок!
По Парижу будут ВСЕ гулять,
Ну а нам, "другим" тогда молчать!

Толерантность чтоб не нарушать -
Кулаки сожму я под столом...
Желваки ведь выдадут потом!
И уеду к бабушке в Любань!
Обнимать Марусь, Светлан и Тань!!!

Живите по погоде!

Живи, как можешь, по погоде!
Ведь ты же не умней её...
Сажай рассаду в огороде,
Рыбачь, а в дождик—чисть ружье!

В морозный ясный день—на лыжах,
А снегоход—побереги!
И в выходной, как сумасшедший,
На пьянку в гости не беги!

Так жил индеец из Дакоты,
Крестьянин, русский и поляк!
А жрать, и спать, и размножаться
Умеет лучше всех—червяк!

Дороги, которые мы выбираем...

Мы выбираем дороги,
А не дороги нас!
И девочки-недотроги
Вздыхают последний раз...

Но мы выбираем не этих...
Мы—выбираем других!
Не очень-то и красивых,
Но шустрых и пробивных!

Не очень хороших хозяек,
И так себе—по уму...
И сами, камень за камнем,
Мы строим свою тюрьму!

Не очень игривых любовниц
И вовсе негодных мамаш...
Но мы выбираем этот,
С кобылой хромой экипаж!

А сколько их, одиноких!
Красивых и в полном уме!
Но нам уютней в привычной,
Такой знакомой тюрьме...

А девочки-недотроги своей дорогой пошли...
И тоже не очень много счастья себе нашли...
Но мы похоже не видим горести этих
        пропаж!
Ползёт привычной дорогой с кобылой
        хромой экипаж...

Опять Мишутку застрелили!

Или забастовка в зоопарке
(Басня по материалам СМИ)

Опять Мишутку застрелили!
Напрасно Гусь протестовал...
Но нету правды а этом мире!
Правда спецназа—наповал...

Сначала—увезли Слона...
Потом—Павлин в бега подался...
Енот—хотя и сомневался,
Но убежал в аэропорт!

Таможня и ребята в штатском...
Ты не клади им пальца в рот!
И хоть не Тем он притворялся,
Но арестован был Енот!

Бобер движенье перекрыл,
Чтоб обратить Властей вниманье!
Но нет зверюшкам оправданья!
И приговор суровым был...

Продолжение канадских новостей

*(См.также Пришел Енот в Аэропорт,
Последние новости, Павлин в Торонто)*

Бобёр увидел светофор,
Решил остановиться...
Поток машин все шёл и шёл,
И вызвали полицию!
Но не боится он свистков,
Не слушает полиции...
И зуб остёр, и глаз хитёр -
Наверно шёл женится!
Вот камеры везде уже,
Ликует комментатор!
Тут кто-то вспомнил о еже,
Еж тоже—узурпатор!
Его так просто не возьмёшь,
Как и бобра на выданье!
Коробку тут пацан принёс...
И сдулось телевидение...

Запомните русского солдата

Горел он в танке, но не догорел...
Тонул он в Эльбе, но спасли ребята...
Он под Рейхстагом тифом заболел...
Но нет сильнее русского солдата!

Он шёл домой по вызженной степи,
Он потерял отца, сестру и брата...
ЗАПОМНИТЕ: медали на груди,
Слезинка на стволе у автомата!

Пришёл Енот в Аэропорт

Продолжение канадских новостей

Пришёл Енот в Аэропорт,
Хотел пройти таможню...
И удивился очень он
Всей процедуре сложной:
Рентген, детектор и радар,
И злобные собаки...
И неуютно стало вдруг
Еноту—забияке...
Курить нельзя и пить нельзя!
И с девушкой обняться...
Мученье будет, не полёт!
Куда теперь податься?

Равнодушие

Люди мне простят от равнодушия,
Я им равнодушия не прощу!
                                A.Галич

Опять я со своим уставом
В чужой обители сижу.
И снова, в полночь, в полнолуние,
Смотреть на звёзды выхожу.

Пытаюсь растолкать монахов,
Но дорог монастырский сон.
И много дел у черноризцев,
И лики пасмурны икон.

Незваный гость и собеседник.
Как нелюбимое дитя,
Я отрицаю силу денег,
И нету места для меня.

Нет места ни на братской тризне
И не на свадебном пиру.
Нет места ни в родной Отчизне,
Ни в Калифорнии дыму...

Дороже всем их интересы
И меркантильные дела.
И только очередь в собесы
Судьбой всех общею была.

Не жалейте на женщин денег!

Не жалейте на женщин денег!
Не жалей—никогда, ни о чём!
Чтоб хорошенькой ведьмочки веник
Не явился потом—помелом...
Чтобы жадные, злые старухи,
Не судили о Вас по углам -
Не жалейте на девочек денег!
Вам зачтётся и здесь—и ТАМ!

Последние новости!

(по материалам канадских СМИ,
см.также "Павлин в Торонто)
" В Заповеднике все тихо и гладко..."
В.С.Высоцкий

Вчера—залезла девушка на кран!
Зачем?—наверно, ей одной известно...
Ее спасал пожарный капитан -
Ему не очень было интересно...

Закрыт район, кружится вертолет...
Внизу—полиция, спасатели, собаки...
Ее спасли—в наручники и в воронок!
Все—на ю-туб, и журналисты, и зеваки...

Сегодня—о бобре, узнавшем горе!
Застрял бедняга между прутьями в заборе!
Сказали: много ел и сладко спал...
И жира он к весне набрал!

Опять Спасатель был не лыком шитый:
Намылил он бобра и раскачал...
И вот бобер, весь в мыле, но не бритый
Опять к себе на речку убежал!

Дай Бог тебе, счастливая Канада,
Навек погрязнуть в этих "новостях "!
А не оплакивать убитого солдата...
Не думать о голодных матерях...

Не сердите Дональда!

Старая индейская песня

Не сердите дядю Дона,
Недалекие вожди!
Есть дожди из томагавков -
Нехорооошие дожди...

Дядя Дональд—из ковбоев,
Первый выхватит он "Кольт "!
А начнется перепалка -
Кто потом там разберет...

В бар ногой он дверь откроет
И красоток уведёт!
Не сердите дядю Дона -
Может Вам и повезёт...

Защитникам Отечества

Шли в штыковую Гренадеры,
Себя и жизней не щадя!
В салонах—пили и смеялись:
Всегда есть место для гнилья...

И в Зимнем пили комиссары,
Но шли в атаку Юнкера!
И ничего не изменилось:
Ни сто, ни двести лет спустя!

17 год...

"Вы тогда на печке спали,
Когда мы Варшаву брали!
В нац, нац, надцатом году..."

Народная частушка

Ну вот опять—февраль мы пропустили!
Как и тогда, в семнадцатом году...
Мы снова эту сволочь не добили!
Как и тогда, в семнадцатом году...

Опять мутят повсюду либералы:
Тем лучше им, чем хуже на фронтах!
Как и тогда, нам снова не хватает:
На всех на них—смирительных рубах!

А в ресторанах—гам, пыль кокаина...
У "временных" есть деньги на косяк!
И охраняет их такой детина,
Что мог бы получиться Железняк!

Как и тогда—Париж, Сорренто, Ницца...
Бабло, мурло и запах от "Диор"!
Пусть снова там смеётся заграница...
Посмотрим, кто подпишет приговор!

Не за горой—Октябрь...
А мы все пили...
Как и тогда, в семнадцатом году!
И все уроки жизни мы забыли -
Как и тогда, в нац, надцатом году!

На злобу дня...

Когда же на Руси не воровали?
Наверно в Джугашвили времена!
Но эти времена давно прокляли,
Чтобы счастливее жила страна!

И вот живём мы сыты и несчастны...
Крепчает олигарх, и мрёт народ!
Но захотелось жизни нам прекрасной...
Чтоб кто не воровал—тот всё же пьёт!

XXI век

Век молод, но стары вулканы.
И тихо тают ледники.
Чума, и язва, и холера
Ещё не вышли из реки.

Но впереди уже цунами,
Пожар, торнадо, глад и мор.
И нелюди, что правят миром,
Наш подписали приговор.

И только старенький монашек,
Каких уж мало на Руси,
Взывает к небу в Аппалачах:
Спаси нас, Господи, Спаси!

Весенние старики

Носятся на лыжах старики...
Лысины и волосы седые...
Носятся, как будто молодые,
В семьдесят и старше старики!

Стариками всё, видно, ни по чём,
Внуки выросли, работать им не надо...
Лыжи, снег и солнце им награда,
И весёлый Ангел за плечом!

Ничто не вечно. Ничто не ново!

В Андах или в Кордильерах,
У пещеры, у скалы...
Инки, Майя и Ацтеки -
Веселились как могли!

Головы одним рубили,
А потом играли в мяч...
Где те Инки? Где Ацтеки?...
Время все несется в скач...

Между Тигром и Ефратом
Шли весенние дожди...
Много девушек имели
Там Шумерские вожди!

И обильны урожаи,
И талантлив звездочет...
Нам таблички лишь остались,
Остальное смыл Потоп!

Пусть Египта фараоны
Солнца детями звались...
И рабами пирамиды
Возводились в неба высь...

И казалось будет вечно
Их Египет процветать...
Нам остались пирамиды...
Время не вернется вспять!

Греки, Римляне, Сарматы -
Думали, что правят бал...
У истории на это -
Есть в запасе Ганнибал!

Пидарасы из Содома
Думали—они важней!
Не осталось от Содома
И Гоморы и камней!

Много золота и жизней
Крестоносцы унесли -
В процветание Европы
Свято верили они!

Современная Европа
Обещает нам уют!
Веселятся пидарасы,
А арабы стекла бьют...

Симонэ

Думал я, она – американка...
И неплохо ездит в целине!
И зачем она берёт уроки
В школе, где инструктор – Симонэ?

Оказалось, что Мария из России.
Много говорили о стране...
А потом мы долго пили кьянти
И забыли мы о Симонэ...

Проводив Марию до отеля,
Думал об изменчивой судьбе...
Возле бара с местными парнями
Ждал меня красавчик Симонэ.

Зимняя рыбалка

На льду по утру – бешеная жизнь!
Бурятся лунки, мчатся снегоходы...
И человек—чудовище природы,
Грызётся в лёд пощупать рыбы слизь...

Включают камеры, радар и эхолот,
Напялив парки с мехом от койота,
Чтобы узнать подводный рыбы ход,
И чтоб добычливей была охота!

Восходит солнце, и палаток городок
Уже покрыл всё Белое безмолвье...
И кто-то пьёт, а кто-то жён ведёт,
На льду увеличая поголовье!

Не бродяги, не пропойцы...

Посвящается Галочке Федотовой (Васьковой)
и всем ее друзьям – экспедиционникам

А вы болтались в брюхе МИ-8?
И из канистры прямо пили спирт?
А девушек носили на руках,
Что и без "Гучи" круче в кирзачах?

Тогда, наверно, вы сплавлялись на плотах,

По марям и горельникам прошли...
И жизнь не разменяли на пятак!
И с сединой, наверное, дружны...

Я рад за Вас, кто выжил и не сдал...
За Праздничным столом, на Рождество!
И кто немного внукам рассказал,
Каким оно было, житье-бытьё...

С годом красного петуха! 1917—2017

Ура! За вилы и за грабли!
За ПТУРСы и ПЗРКа!
Когда-то прадеды и дядьки -
Быков хватали за рога!

А мы—историю не помним...
Пьём Кока-колу, суши жрём...
И в Преисподнию не верим,
Куда все вместе попадём!

Забыты бабушкины сказки
Про ступу с Бабою Ягой!
Емеля мелет без оглядки,
А Рак уж свистнул за горой!

Кто выбрал Трампа?

А вот кто:

Простые парни из Монтаны,
И из Дакоты мужики,
И безработный из Детройта,
И из Флориды рыбаки!

Еще Техасские ковбои
И Вайоминга лесники!
И ветеран морской пехоты,
Что из Ирака без ноги...

И из Сиэтла китобои,
Аляски приисковики!
Но тупо верят идиоты,
Что есть во Всём
"Рука Москвы"!

Молитесь!

Молитесь, толстые прелаты,
Мадонне розовой своей.
Молитесь! –
Русские солдаты
Уже седлают лошадей.

Алексей Эйснер. 1928

Молитесь, жалкие актёры,
Власти Ротшильдов на земле…
Молитесь! – Внуки гренадеров,
Сегодня служат в ВДВ.

Руси терпенье безгранично,
Но не померян гнев её
И лучше русского солдата
Не доводите до него!

Трясись, продажное интелло,
В Майями или в Сен-Тропе!
Уже давно открыто дело,
И есть название статье…

Бессмысленный и беспощадный,
Ты вызываешь русский бунт.
И Вам покажется немало,
Друзья сенаторов и хунт!

Но злые тени Бильдерберга
Не сохранят свой "Миллиард",
Уже всё знает караулка,
Давно дневальные не спят!

Вновь поднимаются народы
В борьбе с коричневой чумой…
И ждёт спецназ, и ждёт пехота
Простой приказ: «Вперёд! За мной!»

Беспилотники и безбашенники

Машины без водителей
И дроны без людей...
Военных игр любители
Живут все веселей!

Сидя тихонько в бункерах
И памперсы моча,
Играют в роли страшные:
Пилота—палача!

Им не слышны проклятия
И раны не болят!
Играют жизнью бабушек,
Девчонок и ребят...

В окопах и на улице -
Была б им грош цена!
И потому обьявлена
Из бункеров война!

Ребята в камуфляже

Наглел бобёр, валил деревья, даже
Подвалы чьи-то тайно затопил...
Но тут пришли ребята в камуфляже,
И больше никуда он не доплыл!

Кутят "Бобры" зажравшиеся, ражи!
Как долго будет их терпеть народ?
Когда придут ребята в камуфляже -
Никто и ничего их не спасёт!

Баллада о Выборе Ди Пи

(Основано на рассказах очевидцев)
"Не судите—да не судимы будете!"
"...и Бразильских болот малярийный туман..."

У них был выбор небольшой:
Обрыв, расстрел—и Аргентина...
А Рузвельт головой кивал...
И Черчиль продал всех, скотина!

Элеонора что ж могла?
Мужья ведь жен не понимают...
А ей писали офицеры:
"Нельзя! Их там Всех стреляют!"

И снова трюмы кораблей
Заполнены Российским мясом!
В Архангельск и в Одесский порт
Идут баркасы за баркасом!

Перегревались пулеметы
Под гулкий рокот дизелей...
"Работали" в две смены роты,
Но не хватало палачей...

Тут кто-то вспомнил о Гражданской:
Их стали баржами топить...
"Вернулось" ровно 5 миллионов!
Как можно о ТАКОМ забыть?

Была "Европе" разнарядка:
Считали их по головам...
Казачки с детками бросались
С мостов, в ущелья, тут и там...

Находчивые итальянцы,
За эшелоном—эшелон!
Самоубийц чтоб засчитали -
В рефрижераторный вагон!

Сдавали все!
И лишь в Монако сказали:
"Как же так, друзья? Что скажем внукам?
Ведь однако: как не крутите, Стыд!
    Нельзя!"

Приветливая Аргентина,
Да и Канадская тайга...
Получше всё-таки "баркаса"
И проволоки в два ряда...

*Ди Пи—Displaced Persons 1945-47,
Так называемые "Перемещенные лица",
их было больше 10 миллионов...*

«Весёлый Роджер» вьётся над волнами...
Не помним мы, откуда это знамя...
Не знаем мы, что обещал он жизни,
«Весёлый Роджер»—бригам и «купцам»!

Вот если красный флаг взлетал на мачте...
Тогда молитесь лучше Вы, не плачьте!
Он означал: не будет Вам пощады,
И Ваша кровь прольётся до конца...

Придумали всё это тамплиеры,
Отступники Святой Христианской Веры,
Ведь чёрный флаг с скрещёнными
    костями–
Галер военных тамплиерских флаг...

Их очень не любил Филипп Красивый,
И с Папой Римским жадный и ретивый,
Он Пятницу 13—несчастливой,
Оставил до скончания веков!

Лишь потому, что моряки не спали,
Они в кутузку к Папе не попали...
Из Ля-Рошеля дружно убежали

Спальные районы

10 июня – День Свободы от налоговв Канаде! Это первый день, когда средняя канадская семья перестает работать на налоги и начинает работать на себя...

«Что он Гекубе?
Что ему Гекуба?...»

В. Шекспир

В районах
   спальных
      нет
   ни глаз,
    и ни души...
Нет
здесь
   харизмы,
      счастья,
     нет
   порока...
Чужие жёны
   лишь отделкой
      хороши,
Пока их видишь
   с дальнего порога...
А ближе:
   тот же самый целлюлит,
слой макияжа
   и вставные зубы...
Здесь
   нету
     ни преград,
      и ни вершин!
Что нам Гекуба?
   Что до нас Гекубе?

Здесь

Ты посмори, как все куда-то
Здесь отвратительно спешат.
И вечно что-то тащат в норы,
Как будто мыши для мышат...

Они не знают толка в винах
И по ночам не видят звёзд.
И здесь любовь не озаряет
Их серых и унылых гнёзд.

Порок здесь мелок и привычен,
И кромка неба не видна.
Здесь женщина быть может мужем,
Мужчиной может быть жена.

Участок здесь – тюремный дворик,
И наштампованы дома.
И наштампованные мысли,
Как плесень, лезут из угла.

Они здесь не читают книги,
Не пишут писем никогда!
Никто не носит здесь вериги,
И музыка им не нужна...

И нету здесь Наполеонов,
И не родится Ганибал.
В созвездьи тусклых эпигонов
Ты знаешь, кто здесь правит бал!

Тут

Тут резали грибы поляки,
Китаец рыбу тут ловил.
А я, проспав всё, как обычно,
Опять их нации хулил.
И думал, что удачи больше
Должно со мной быть в этот раз,
Но хохотали бесенята
Из голубых и узких глаз!

Когда покой пропишут доктора...

Когда покой пропишут доктора,
Острого и жирного не есть,
Подводить итоги нам пора,
Жизнь свою оттачивает месть.

Кто гулял с плеча, без меры пил,
Тот давно уже безвременно ушел.
И теперь для нас, середнячков,
Срок сведенья счетов подошел.

Мы невест чужих носили на руках.
В подворотнях с хулиганами дрались.
По порогам мы сплавлялись на плотах
И в Саяны с рюкзаками поднялись.

А теперь настал для нас момент расплат,
В гаражах давно пылятся рюкзаки.
Те невесты с внуками сидят,
И пороги пересохли у реки.

Веселит ещё пока морковный суп,
Зубы выпали пока ещё не все.
Только печень с почками шалят,
И давление, как ветер в феврале...

Пара впереди десятков лет,
Но не выпить уж бутылки из горла
И не встать один на пятерых,
Не гулять уже с девчонкой до утра...

Всё яснее впереди госпиталя,
Внутривенное, каталки и погост.
И не спрятаться от жизни, утюга,
Что разгладит всё: морщины, вес и рост...

И вдруг хочется совсем в последний раз
Взять со спиртом и с тушёнкой рюкзаки.
С практиканткой самой молодой
На моторке в устье рвать реки...

Чтобы вспомнить в старческом дому
Волосы и ветер на корме,
Словно набежавшую волну,
Поцелуй той практикантки в сентябре...

Отчего погибнем мы, Трамп и Джулиан Ассанж...

Басня—пророчество

Раскричались голубые,
Поднят шум на всю Европу:
"Девок все они хватают!
То за титьки, то за попу!"

"Это как такое можно!
Это ж правда где-то было!
Что случилось лет за сорок,
Наше племя не забыло!"

"Это нас тогда срамили,
Били, гнали и сажали...
А теперь вот НАШЕ ВРЕМЯ!
Чтобы все об этом знали!"

Сотни Киллари поклонниц,
От рождения бесплодных,
Страшных, злобных, целлюлитных,
Подвывают в подворотнях...

И кому какое дело,
Что стреляют, убивают...
"С девкой в лифте целовался!"
ВОТ мозги чем засирают...

"А лет тридцать в самолете,
За коленку брал соседку!"
Ну куда тут в Президенты?
Тут одна дорога—в клетку!

А бесполый избиратель -
Всё глотает, понимает...
И теперь вот в туалетах -
Мест своих не различает...

Быть мужчиной—некорректно!
Стыдно, грубо и преступно...
И—не будет писсуаров!
Есть—одно большое судно...

Санторини

Меня опять зовут на Санторини,
Где голубые небо и вода...
Где счастье льется прямо из бутыли,
Где не грустит никто и никогда!

Дома там—белы, люди—загорелы,
Там веет бриз и тихо спит вулкан...
И выбор прост: пляж красный или белый?
Ты надоел мне, Тихий Океан!

Меня опять зовут на Санторини,
Куда Вас не доставят поезда...
Закат там—умереть! И дали неземные...
Проклятье Вам, большие города!

Бикин

Стреляли "их" на станции Бикин.
Мужчин и женщин, доходяг и сильных…
И переполнен был Бикинский карантин…
А люди думали: везут в вагонах
    ссыльных…

Копали ямы сами, как могли…
А "после" водку пил расстрельный взвод.
О том уже не помнит ни души…
На "этом" месте—чей-то огород…

Мой друг

Любил он стейки
И красивых женщин!
Зимой—на лыжах,
Летом—на плотах!
Со счастьем был знаком,
Но не обвенчан...
И воевал за совесть,
Не за страх!

Вертухай со стажем

В Абакане ль, на Юконе ль,
В тундре ли на Колыме,
Убегали от погони,
Настом ли, по целине...
Убегали,в общем, ловко:
Зайцем, раннею весной...
Но прицелится винтовка-
Бац!—и нет тебя, косой!

Наемник

Авторская песня

Я сегодня на "работу " не пойду…
Я напьюсь сегодня спозаранку!
Под банджо, гобой или тальянку
Буду вспоминать свою судьбу…

Было все—падения и взлеты:
Деньги, бабы, замки, острова…
А потом—лихие повороты:
Воронок, этапы и тюрьма…

Но пока еще воюет мир,
Для таких, как мы, найдется дело!
И хотя в строю нас поредело,
У чумы всегда найдется пир!

Пусть опять с чужим гранатометом
Мне идти по выжженной земле…
И судьбы лихие повороты
Пусть опять приснятся мне во сне…

Оптический прицел

На Вас смотрела жизнь -
В оптический прицел!
Где все так ясно -
У последней кассы...
Вы—выжили,
Но побеждают пидарасы...
И снова жизнь -
Оптический прицел!

Женский век

Что женский Век?
Лет тридцать—тридцать пять...
Цени его! И не потрать напрасно!
Ведь жизнь тогда лишь радостно—
    прекрасна,
Когда есть рядом милый человек!

En masse...

Дряблые мышцы, животики, души...
Кто-то потолще, а кто-то—посуше...
Жизнь прожита без борьбы, без
    свершенья...
Грустно с тобой мне, мое поколенье!

Мое поколение

"Эрика" берёт четыре копии,
Вот и всё!
...А этого достаточно.

А.Галич

"Эрика" брала четыре копии.
Выросли на кухнях эти мальчики.
И теперь в Париже и в Нью-Йорке
Полицейским мы показываем пальчики...

Вот она, житуха буржуазная:
Колбасы да и шмотья немеренно...
Только стали мы такими разными,
Только что-то важное потеряно.

Мы ловили рыбу на Карибах.
Танцевали сальсу с негритянками.
Только были мы куда счастливее,
Добывая пиво вёдрами и банками.

Радовались первому компьютеру
С зеленушной строчкой неприметной.
Не подозревая, что закончится
Всё глобальной слежкой интернетной.

Мы мечтали о другой свободе,
Счастье искромётном и лучистом.
И теперь не узнаём её в уроде,
Мировым правительством прописанном.

"Эрика" брала черыре копии,
Был магнитофон системы Яуза...
Только что-то главное прохлопали,
Может пистолет системы Маузер!

Поколение нечитающих

Поколение нечитающих
И не знающих старины...
Было ж что-то в глазах обещающих:
Зарекись от сумы и тюрьмы!

Поколение потребителей –
Не осталось для Вас целины...
Слишком много плохих здесь водителей:
Зарекись от тюрьмы и войны!

Зарекись от народного гнева!
И от стужи седой Колымы!
Там, где не было дедам предела,
Свой предел вдруг поставили Вы...

Поколенье Иванов Непомнящих,
Оглянись иногда хоть назад!
Есть ведь всё, чтобы стали вы сливками...

Почему же выходит обрат?

День западной свободы 420!

Мало пидарасам героина!
Лесбиянкам кокаина – мало!
Надо бы прилюдно обкуриться,
А иначе – пресно как-то, вяло...

Надо не одни чтоб – сразу тыщи!
Да пиар такой, что Вам не снится!
Чтоб узнали Сомали и Тундра,
Как цветёт и ПАХНЕТ Заграница!

Покурив – плевать, что там воюют,
Голодают, вешают, стреляют!
В очереди к голубым экранам –
Некрофилы с зоофилами страдают!

*420 – День Марихуаны.
4/20/2016 Министр Здравоохранения
     объявила
с трибуны ООН о легализации марихуаны
     в Канаде.

Слишком поздно...

Ничего у нас не получится...
Слишком поздно!—шептали дожди...
Слишком поздно в потоке безвременья
Повстречались мне губы твои...

Поздно всё: взлёт бровей соболиных,
Колонковых ресниц трепетанье...
Слишком много их было, любимых,
Нет прощенья и нет оправданья...

А девушки уходят с молодыми

А девушки уходят с молодыми.
Им наплевать, почём там золото в Нарыме.
Им всё равно, как ты тонул на льдине,
Сегодня с этим, а потом с другими...

А этот молодой не понимает:
Он то икает, то рыгает...
Одной рукой её он обнимает,
Другой рукой он кетчуп выжимает...

И вот когда-нибудь,
На этом белом свете,
У них появятся
Такие же вот дети...
И никогда не мыть им золото в Нарыме,
Не мёрзнуть в тундре и не тонуть на
        льдине.

Пусть девушки уходят с молодыми!

(Продолжение)

Зря ты грустил, курил и напивался...
И думал так критично и не смело...
Пусть девушки уходят с молодыми,
Есть Акапулько, Ангуила, Варадеро!

А в Варадеро – классная погода!
Кокосы, пляж, дайкири запотело...
Пусть девушки уходят с молодыми,
У Сеньорит – совсем другое дело!

А дальше – больше! Есть еще:
Вьетнамки, японки, филиппинки,
        кореянки...
Такая кухня и такие ножки,
Что не приснится ни одной американке!

У кореянок – ласковые губы...
И навсегда девическое тело...
Пусть девушки уходят с молодыми,
Мы – к кореянкам, раз такое дело!

Брат

Я узнаю тебя по загару,
Горнолыжник, рыбак, просто брат...
По кругам от очков я узнаю,
Как хотелось тебе на Зермат!
Как хотелось тебе на Мак-Кинли...
Не пускали работа с женой...
Ничего, будет время получше,
И еще мы с поедем с тобой!

Последний спуск

Есть прелесть грустная в последнем спуске,
Когда уже закончился сезон...
Подъемник не скрипит от перегрузки,
Ручьёв повсюду слышен перезвон...

Все зелено внизу, а скалы рыжи
И хочется махнуть рукой горам,
И просится сказать: « Прощайте, лыжи!»
Я этот день другому не отдам.

Вот ты стоишь с последней сигаретой,
И быстро тает на ботинках снег...
Как вдруг промчится девушка в бикини,
И ты поймешь, что продолженья нет...

Ночное катание

Есть прелесть старанная в ночном
    катании:
Когда не надо никуда спешить...
Подъемники бегут без опозданий
И всё, что можно, ты успел решить.

Приехали все те, кому снег дорог,
А остальных – заела суета:
Покупки, никогда не спящий город...
Их выбор! – Бог им всем судья...

И через 10-20-30 спусков в бассейн ты
    входишь,
Как к себе домой...
И улыбнётся вдруг девчонка в майке
    узкой,
И ты поймёшь, что избран ты судьбой!

Пассажир вертолёта

Пассажир вертолёта—не такой, как в кино:
Он не бритый и пьяный, и ему всё равно...

Все красоты природы с высоты птичьих
        глаз,
Новичков удивляют первых несколько
        раз...

То он странно трясётся, озираясь кругом...
А внизу льдина рвётся, или волны−с ваш
        дом!

То там пламя бушует, и остались друзья,
Но уже столько дыма, что спасти их
        нельзя!

То там снова лавина всех смела заодно...
Пассажир Вертолёта – не такой, как в кино!

Сонгми

*Посвящается 45-летию трагедии Вьетнама и
Украинскому народу*
http://en.wikipedia.org/wiki/My_Lai_Massacre

Ты забыл деревушку Сонгми,
Если помощи просишь у НАТО...
Ты не видел глаза матерей,
Когда в деток летела граната!

Обкурившийся «травкою» взвод,
Гордость Келли, морская пехота
Стала резать штыками крестьян,
Не дождавшись уход вертолётов...

Гнать на площадь, таща пулемёт,
И, бросая детишек в колодцы,
Полупьяный, обкуренный взвод,
Знал, управы на них не найдётся!

Пулемётчик стрелял не спеша,
Все собою детей закрывали,
Он пытался попасть в малыша,
Только руки от травки дрожали...

Только Келли сказал: «Не спеши!»
И остыть дай стволу пулемёта»...
Из-под трупов ползли малыши,
Оставалась для взвода работа...

Это было не раз и не два,
В Аргентине, Ливане, Судане,
Обкурившийся травкою взвод,
В Сомали, Гондурасе, Панаме...

Кокаином «согретый» пилот,
«Передайте привет вашей маме!»
Не осёкся ни раз бомбомёт
Ни в Ираке, ни в Афганистане...

Вот кого ты на землю зовёшь,
Кровью дедов отбитой у фрицев!
"Бачив би дід, тоб казав наперед:
"Шоб то злидню тобі не родитися!"

Рассказ наёмника

В восьмом году в Багдаде было дело...
Мы снова в пробке, чёрт их подери!
И как оно уже всем надоело –
Чужую кровь месить во всех концах Земли!

Но платят здорово – мы не чета спецназу,
Или морпехам – жизнь на корабле...
И не дают приказы за приказом,
А «Поливай и помолись, что те!»

Вновь рация, начальство не довольно,
Поехали по встречной полосе,
Штук двадцать протаранили невольно,
Но тут студент с мамашею больною,
Не уступил дорогу, как и все...

Он в госпиталь спешил, попал к Аллаху,
С мамашей и с соседями двумя...
Базукой только заварили кашу,
Машину – в пыль, а пробка – никуда!

Повылезали глупые скотины!
Пришлось из автоматов поливать:
Сто двадцать раненных, семнадцать же
        убито,
Девчонка и пацан, лет, может, пять...

Маленькая девочка весна

Маленькая девочка весна
Появилась в марте на пороге,
Всем прохожим замочила ноги
И смеялась, каплями звеня!

В лужах кувыркалась по утрам,
В зайчиках играя отраженьи,
Переправ остановив движенье
И снежки бросая тут и там...

Маленькая девочка весна
Подросла и стала недотрогой,
Догони её теперь, попробуй
В льдинках ручейков и озерка...

Палата

Вот опять тошнит соседа...
Потерплю я, не впервой...
Отвернусь вслед медсестрёнке,
Уходящей, молодой...

Громко вскрикну, чтоб вернулась...
Подойдёт, в глазах вопрос?
И, слегка поправит чепчик,
Сверху золотых волос...

Поманю её я пальцем –
Мне другого не успеть!
Чтоб ещё разок на вырез
В том халате поглядеть...

Магазин

Две смешливые девчонки –
Мне такую бы косу! -
Резали кому-то сало,
А кому-то колбасу.

Быстро меряли глазёнки
Покупателей толпу:
«Может этот вот, в дублёнке
Или в парке на пуху?»

«Может подвезёт с работы?
Или пригласит в кино?»
Мне такие бы заботы...
Я бы счастлив был давно!

Офис

Тёплый офис, вьюжный двор.
Практиканток разговор...
Чёлка, синие глаза,
Юбка задралась слегка...
Эту, видимо, оставят,
Пусть работает пока.

Плохие люди

С детства я люблю « плохих» людей,
Тех, что у закона не в чести...
Я, наверное, и сам такой, плохой,
От чего в душе цветам тогда цвести?
Мой старшина рубился на Даманском...
Лицо – в мозгах и в крови – полюби!
Меня сплавлял по Абакану уголовник,
Убивший двух – пойди «пятнашку»
        оттруби...
На Вожеге встречал меня «законник»,
Отбывший 30 и сломавший «четвертак»...
Мы из-под снега выковыривали клюкву,
И он сказал: «Вот если бы все так!»
Ты б выжил, он сказал, а сотня тысяч,
Что здесь осталась, полегли за зря...
Он рассказал про замороженного зайца,
И про копыта лося-трупаря...
Я долго плакал горькими слезами...
И говорил, что век совсем не тот...
Я вспомнил про него лет через сорок,
Подтягиваясь с льдины в вертолёт...

Дальние забытые деревни

Там, в дальних и забытых деревнях,
Куда лишь трактор еле доберётся,
Где жизнь уже почти не бьётся,
Зарёю ранней в громких петухах…

Где детский смех не слышали давно…
Где не стоят стога, заплоты покосились,
Где валенки давно поизносились,
Где пуст амбар, и заросло гумно…

Там жил народ, простой, весёлый,
 сильный.
Рожал, крестил, гулял и умирал…
Встречал рассвет с улыбкою умильной
И молодух водил на сеновал…

Но век пришёл с ужимками бандита,
Решивший всё на деньги поменять…
И вот окошко в горенке разбито,
И больше не качает люльку мать…

И не таскают невод мужики,
Позарастали отмели и пляжи,
И только тракторист ещё куражит,
Напившись на пригорке у реки…

Дальнобойщик

«...Дорога, а в дороге «МАЗ»...»

В.С.Высоцкий

Я пол бутылки сразу осадил...
А полторы оставил я в дорогу...
И вспомнил ту девчонку-недотрогу,
Что двадцать лет назад я подвозил...

Таких уже не будет никогда!
Не тот расклад, и строй, и поколенье...
И от баранки вечного крученья,
Нас отправляют на развилку в никуда...

Страну я видел, как никто другой...
Я видел всё! И взлёты и падения...
Но я не видел раньше поколения,
Чтоб так прогнулось перед мутотой...

Я подвозил девчонок «плечевых»,
И тёток, бабок, мамок одиноких...
И ветеранов трёх последних войн:
Безруких, одноглазых и безногих...

Я два миллиона укатал в асфальт:
Резиной, потом и чужою рвотой...
Но никогда не думал-не гадал,
Что вдруг пойдут ТАКИЕ повороты...

Я жил, как все: и дачка, и семья:
Две дочки, свадьбы да зятья не очень...
И вот теперь с последнего рубля,
Ещё сорвать вдруг захотела сволочь!

Ещё не всё потеряно

Ещё идут мои фрегаты, ещё живут мои друзья,
Пираты и барбитураты ещё не кончили меня.
Мы жили так, как не хотелось, и шли теченью
    поперёк.
И прошлого цепей обрывки порой мешают
    между ног.
Пусть дамы грустные вздыхают, но альбатросы
    в путь зовут.
И у дверей шестой палаты пусть санитары
    подождут.

Капитан аэробуса

Капитан аэробуса* ненавидит рассветы,
Это жгучее солнце, бесконечный восход.
Капитан аэробуса не любит работу.
Как и дед из Люфтваффе, летит на восток.

Хорошо было деду, он летал лишь три года,
И устав от восхода, на огонь батарей,
Повернул миссершмидт он и остался героем,
Просто выключив Солнце в кабине своей...

Двадцать шесть лет в кокпите, озарённом
        пожаром.
Словно тысяча жизней сквозь него пронеслась.
Бесконечное небо и слепящее солнце,
А он любит туманы и весеннюю грязь.

В голубом бездорожье ни жены, ни подруги,
Ни детей, ни собаки, ни кота, ни друзей.
Капитан аэробуса без конца одинокий,
Ненавидит работу и не любит людей.

Разве столько рассветов вместить человеку?
Ведь рассвета над городом пятнадцать минут,
А три года до пенсии над пустым океаном
Что – то тянутся вечно и никак не пройдут.

И летя над Атлантикой к восходящему солнцу,
Помолись по-тихоньку о Спасеньи людей.
Капитан из Люфтганзы, доработай до пенсии,
И не выключи солнце в кабине своей...

*Реальный персонаж. Живет в Мюнхине, зовут Манфред.
Надеюсь, летает последний год и дождётся пенсии.

Второй пилот

Он был вторым, вторым пилотом,
И Африка под ним неслась,
И стингеры за ним гонялись,
И падал после пьяным в грязь.

И был он другом с капитаном,
И жизнь как будто удалась,
Когда ему на вечеринке
Дочь капитана отдалась.

И кончилась мужская дружба.
Они друг друга не простят,
И с этой точки не возврата
Они уже не долетят.

Сломанные рёбра

Опять живёшь ты, как в замедленном кино...
Опять сломал ты рёбра, старичок...
Опять тяжёлый взгляд из-под бровей
И мудрость про сверчка и про шесток!

Ну хорошо: не в подворотне, не ногой...
И не прикладом под дых, как тогда,
А на рыбалке, просто через борт,
Хотя была холодная вода...

И не вздохнуть, не крикнуть, не смешка,
Приказана, как будто, немота!
Ведь уцелел ты от камней и от винта,
А всё же осень и холодная вода...

Но снова хочется всем болям вопреки
В моторке мчаться на изгиб реки...
И волосы ласкать, и огоньки
В глазах увидеть на краю судьбы!

Последнее хвастовство

Меня такие девушки любили!
Что даже не приснится Вам во сне...
Их тени стройные, как будто в водевиле,
Порою ночью вижу при Луне...
Но близок срок, и век любви исчерпан:
Простите все, обиды – на потом!
Меня такие женщины жалеют,
Что эшафот мне тоже ни по чём!

Любите женщин некрасивых...

Любите женщин некрасивых,
И Вам простятся все грехи!
Пусть будет вздохов несчастливых
Ночами меньше у реки!

Пусть меньше сетуют подружки
И крепче на рассвете спят!
Любите женщин некрасивых,
Вас многие благословят!

Двадцать лет спустя

Двадцать лет на чужбине –
Основательный срок!
Тот, кто не был—не знает.
Тот, кто отбыл—поймёт!

Двадцать лет пониманья
Правил чуждой игры!
От Иуды—лобзанья,
От Фомы—костыли!

Лишь как волос седой
Засвербит в бороде,
Ты поймёшь, что свободы
Нет ни там, и нигде!

Ты поймёшь, что нет правды!
Ну хоть криком кричи!
Снова ранней весною
Прилетают грачи...

Баклановская строевая

Посвящается замечательному Сыну России,
Генералу Якову Петровичу Бакланову.

«...Бакланова хочешь убить?-
шутка горцев о невозможном...

Генерал Бакланов воевал не зря:
Чтоб не оскудела Русская земля!
Чтоб не победили пидарас и вор...
Генерал Бакланов – скор твой приговор!

Генерал Бакланов – бывший есаул...
Знали его горы, каждый знал аул!
Семерых в погоне уложил, шутя...
Помнит есаула Русская земля!

Пластуны – казаки—ох, народ лихой!
Только вот кормили всё коней травой...
Только мало хлеба интендант давал...
Молодой хорунжий на защиту встал!

Стали кони сыты, сыты казаки!
И враги разбиты быстро у реки!
Сотню самых смелых с каждого полка,
Обучал он лично, как громить врага!

Атаман Бакланов – казакам отец!
Свято в это верил каждый молодец!
Генерал Бакланов, ты родил спецназ!
Генерал Бакланов, помолись за нас!

Генерал Бакланов воевал не зря!
Чтоб не опустела Русская земля!
Чтоб не победили вор и пидарас...
Помолись, Петрович, помолись за нас!

Запишите меня в казаки

Посвящается Памяти
Генерала Я.П. Бакланова, 1809 -1873

Запиши-ка меня в казаки...
Я устал от чужой мутоты...
Я устал от пустой болтовни...
Запиши-ка меня в казаки...

Запиши в казаки, Атаман!
Я видал много войн, много стран...
Уцелел я от пуль и от ран...!
Запиши в казаки, Атаман!

Запишите меня в казаки!
То, что видится, нам не с руки...
Если что, можем мы и в штыки...
Запишите меня в казаки!

Запиши в казаки, Атаман!
Кровь и жизнь за Россию отдам...
Ведь иначе—лишь вдовы да срам...
Запиши в казаки, Атаман!

Бабло

Хамло, бабло, облом и недостача...
А мне опять приснился высший свет:
Где дама вдруг над книгою заплачет,
Где вернисажи, скачки и балет!

Премьеры где, шампанское с икрою,
Неспешный за обедом разговор,
Где не боятся, что спецназ накроет,
На месте исполняя приговор...

А здесь мы даже и в кино не ходим,
Книг не читаем, лошадь – в колбасу,
А дамы, если ноги не разводят,
То ковыряют пальцами в носу...

Павлин в Торонто

Посвящается Леониду Сорокину, гор. Хотьково

«Павлины,—говоришь...»
из к/ф «Белое солнце в пустыне»

Сбежал павлин из зоопарка,
И поднялся переполох!
От городского автопарка –
До коммунальнейших верхов..

Газеты, радио и телек –
Лишь о павлине в новостях..
Уже полиция не верит,
Что не был он у вас в гостях...

И мэрии все депутаты
Решили срочно обсудить:
Капканами или сетями
Его успешнее ловить!

И стукачишки застучали:
«Он – в центре!
«...Ближе он к воде!»
Колокола в церквях качали,
В подвалы лазали везде!

Но не поймать никак павлина!
Сегодня – здесь, а завтра – там..
И не одна уже дубина
Припрятана по уголкам.

Его видали в воскресенье,
А в понедельник – снова нет!
И фотографии павлина
Заполонили интернет.

Нет больше новости тревожней:
«Его б снотворным подкормить».
Но кто-то, очень осторожный,
Решил облаву объявить.

Сужается кольцо спецназа...
Над городом сгустился мрак...
Павлину это надоело,
И он вернулся в зоопарк!

Пять дней, весь город наблюдая,
Он сделал вывод свой простой:
Уж если эти все на воле-
Я – лучше в клетке, но живой!

Основано На Реальной Истории.
Май, 2015

Противно...

Вроде даже с ней не целовался,
Отчего ж противно на душе?
Словно на работу подписался
У страны враждебной атташе...

От чего так врут все: люди, страны!
От чего историю кроят?
От чего всё ищут виноватых?
Когда каждый в чём-то виноват?!

Неужели слёзы, кровь и сперма –
Это всё, что нынче правит бал?
Созревала на полях люцерна,
Бугаёнок тёлку покрывал...

Памяти Альпинистов

Посвящается альпинистам, погибшим на Эвересте.

«... Так лучше, чем от водки и от простуд!»
В. Высоцкий

Палаток разноцветных паруса
Взмахнули крыльями при выдохе лавины,
И жизни не пройдя до половины,
Ушли ребята, прямо в небеса...
Оставив мир, детей, подруг и близких,
Ушли, как жили в связках альпинистских...
Любя Непал и веря в чудеса...
Запомните их: бомжи на помойке,
Миллион больных, прикованные к койке...
И вы, стакан четвёртый поднося!

Весна в Онтарио

Дождь спутал карты и размыл следы...,
Подняв опять проблему бездорожья.
Он чьё-то счастье или горе приумножил,
Напомнив о превратностях судьбы.

Под вечер отродились комары...
И комарихи с длинными носами,
Наверное, придумали не сами,
Что кровь людскую пить они должны!

Судачили лягушки до утра,
Что цапля снова дома не ночует,
Бобры лесок осиновый линчуют,
И распустилась уток детвора...

Опять пришла весенняя пора...

Инсургент

"На бой с жестокой нищетой
На бой с неволей вековой, идя вперед,
Он, инсургент, ружье берет..."

Жоржу Прота

Ни о чём не жалей, не расспрашивай...
Мы уходим в рассветный туман...
И вернёмся быть может не скоро,
Если мы уцелеем от ран...

Нам идти под дождём и под солнышком,
Нам ползти по апрельской грязи...
Мы допьём свою долю до донышка,
Чтобы в мае сирени цвели...

Чтобы жили вы здесь не рабами!

Чтоб женились опять —по любви!
Чтобы солнце сияло над вами,
Мы лежим в придорожной пыли...

Ни о чём не жалей, не расспрашивай...
Мы уходим в весенний туман...
Пусть по улице имени нашего
Пробежится чужой мальчуган!

205

Дети Новояза

Отстойный левый мерчендайзер[*]
Решил фандрайзера[*] мочить:
И холивар[*] на весь краб хаус[*]
В сети реально запостить.

Он закидал конторы мылом[*]:
Кидал в ГУНО[*], кидал в МУДО[*]...
Пошла ли фишка быть прикольным
Понять, увы, нам не дано...

ПРИМЕЧАНИЯ ДЛЯ СТОРОННИКОВ В.И. ДАЛЯ.

МЕРЧЕНДАЙЗЕР- специалист по продвижению продукции в розничной торговле, товаровед, отвечает за выкладку товара, контролирует наличие всего ассортимента компани на полках магазина и расположение его в наиболее благоприятных для покупки местах.

ФАНДРАЙЗЕР- специалист по привлечению средств в некоммерческие (общественные) организации.

ХОЛИВАР- (от англ. holy war, священная война), бессмысленный или малопродуктивный спор, бесконечные прения (в Интеренете)непримиримых оппонентов, в котором они пытаются доказать друг другу преимущество одной из нескольких альтернативных точек зрения;

КРАБ ХАУС—Ресторан морепродуктов

ЗАПОСТИТЬ- от « пост», поставить в Интернете

МЫЛО – Электронная почта

ГУНО- Государственное управление народного образования

МУДО- Муниципальное учреждение дополнительного образования

Письмо Е.К.

Ты заходила вновь на огонёк,
Чужой души, с другого побережья…
И на просторах серого бесснежья
Вдруг вырос удивительный цветок…

Изысканную книжечку твою
Искал Нью-Йорк, устали букинисты,
Ее везли Федэкс и альпинисты
На старую прибрежную скалу…

И вглядываясь в утренний туман,
Где кораблей исчезли очертанья,
Я чувствую души твоё дыханье
И верю в Воскресенье здесь и там!

Песенка о пиратском флаге

«Весёлый Роджер» вьётся над волнами...
Не помним мы, откуда это знамя...
Не знаем мы, что обещал он жизни,
«Весёлый Роджер»—бригам и «купцам»!

Вот если красный флаг взлетал на мачте...
Тогда молитесь лучше вы, не плачьте!
Он означал: не будет вам пощады,
И ваша кровь прольётся до конца...

Придумали всё это тамплиеры,
Отступники Святой Христианской веры,
Ведь чёрный флаг с скрещёнными
        костями—
Галер военных тамплиерских флаг...

Их очень не любил Филипп Красивый,
И с Папой Римским жадный и ретивый,
Он пятницу 13—несчастливой,
Оставил до скончания веков!

Лишь потому, что моряки не спали,
Они в кутузку к Папе не попали...
Из Ля-Рошеля дружно убежали
Четырнадцать французских кораблей!

Пришлось им в океане долго плавать...
И грабить всюду встречные суда,
Ведь лучше быть повешенным на рее,
Чем слижут пятки языки костра!

Но тамплиеры долго не прожили...
Безбрачными ведь по обету были...
Основы же пиратства заложили
На радость всем портовым кабакам!

Славянам Украины

Вместо сажанья огородов
Сажаем пули мы в людей!
Огонь ответных миномётов
Всегда бывает лишь сильней!

Отходам ядерным Европы
Донбасса шахты так нужны!
Не позаботятся уроды
О процветании страны!

Историю хотя напомнить,
Сирены воют нам опять!
Про прежний план у негодяев
Славян друг другом истреблять!

Говнецо

На запах преступного мира
Слетелось опять говнецо...
Опять поджидает секира
Невинной души деревцо...

И хуже иных рукоблудий
Твоё словобудье, пиар...
А залпы далёких орудий
Опять раздувают пожар...

И вновь подвывает интелло
Под западный вой:"Что в с них взять?
Унылое, дряблое тело
Не может ни петь, ни пахать!"

Вновь красными петухами
Любуемся вместо зари...
И за Кудыкину гору
Опять убегут главари!

Раньше и теперь

Старики и старухи, дедки, бабки и тётки!
Вспоминайте почаще молодые года…
Пусть проехала жизнь утюгом по серёдке…
Были б счастливы внуки, и беда – не беда!

Старики и старухи! Свёкры, девери, дядьки!
Приезжайте в Париж вы или, может, в Тулум…

На развалинах Майя в день Святого Зачатья
Вы избавите души от унылости дум…

И знакомясь в круизах, и танцуя на «диско»,
Позабудете быстро боль и горечь потерь…
Повстречав Незнакомку в золотом Сан-
    Франциско,
Вы получите «раньше» в упаковке «теперь»…

Эти длинные ноги, эти тонкие руки…
Грудь шестого размера, голубые глаза…
Если б встретились раньше –
    ты бы умер от муки,
А теперь лишь немного отпусти тормоза…

Пехоте Донбасса

Пока вы на Донбассе воевали -

Народное богатство воровали,
Лжецы и жулики, подонки всех мастей...
Пока друг друга кровь вы проливали,

Страну на нефть и золото кидали...
Ротшильдов прихвостень и биржевой
          злодей...
Пока в земле промёрзшей вы дрожали,

С моделями бессильно флиртовали
Разнеженные солнцем старики...

Очнись, окстись, солдат с гранатомётом!
И "Град" по назначенью разверни!
Пусть вспомнит всё забывшая Европа
Пехоты лучшей в мире сапоги!

Кровушка

Красные да белые,
Да ещё зелёные...
Всех любило небо ли?
Все любили Родину...

Все стреляли, вешали
Да топили баржами.
Реки, море кровушки
Пролил век безбашенный!

И теперь не лучше мы,
«РПГ» да «Градами»
Норовим всё в морду,
Помощней зарядами!

Снова льётся кровушка,
Брат идёт на брата...
Хищно ухмыляется
Сволота пузатая...

Русский Бог

Всех со Светлым Праздником Рождества Христова!

Быть может, галлы были злее,
Имел доспехов больше швед,
Но только русский Бог – сильнее!
Известно это много лет!

Наш Бог рождается в морозце,
Искрится снегом на ветвях…
Друзей встречает хлебом-солью
И золотом на куполах!

Врагов Руси наш Бог не любит.
И упадёт поднявший меч.
Но будут вечно жить герои
Всех будущих и бывших сечь!

Балаклава

В Балаклавской рыбной бухте,
Где когда-то Одиссей,
Испугавшись Листригонов,
Растерял своих друзей...

Где рыбачили спокойно
Грек, и русский, и еврей,
А татары продавали
Мохноногих лошадей...

Где росли кишмиш и дыня,
Груши, перцы, сельдерей...
Появилось утром рано
Сто английских кораблей!

Офицеры и матросы
Долго грабили дома...
Ни одна в покое юбка
Не оставлена была!

В Балаклавской тихой бухте,
От "Владычицы морей",
Береги свои домишки
И красивых дочерей!

День палача

У дел заплечных мастеров
Есть повод поучить планету:
Из тайных тюрем шлют приветы
От дел заплечных мастеров!

Европа, старая карга,
Забывши стыд Средневековья,
Бесплатно отдалась конвою
С этапа к "чёрту на рога"...

Поляк, литовец и румын,
Датчанин, немец, португалец
За пачку долларов скотин
Сломает вам последний палец!

Пусть хорохорится Сенат
И снова осуждает пытки...
Но не простит Афганистан
Замёрзшей навсегда улыбки...

Унылый Век

Мельчал народ, серело небо...
Уныло правил охлократ...
Кому теперь какое дело,
Что оказался прав Сократ!

Двадцатилетних генералов
Давно закончилась пора...
И от величия народа
Остались только купола...

Осталась только пыль на полках
Не читанных библиотек...
И нету больше Ганнибалов,
И не родится Поликлет!

Ресторан эмиграции

Ресторан эмиграции,
Где всеселье и грусть
Переплавились намертво,
Что делить не возьмусь.

Где девчонки – не девушки,
Но и дам светских нет.
Где любимые кушанья
Подают на обед.

Подают до отвала,
На убой, в три ряда,
Словно нету ни меры,
Ни ума, ни стыда...

Где одет вызывающе
Подгулявший народ,
И не пивший давно уже,
Непременно запьёт.

И где деточек маленьких
Будут лапать мамаш
Подгулявшие хахали,
Чуть входящие в раж.

Где танцуют семь-сорок,
Пугачеву поют,
И где водку графинами
И стаканами пьют.

Хоть Россия – не Жмеринка,
Не Тамбов, не Бобруйск,
Ресторан эмиграции
Осудить не возьмусь.

И одетые шмарами,
Не боясь ничего,
Эти русские женщины
Счастья ждут своего.

Жизнь

Посвящается Ирине Д.

Жизнь проносилась поездом курьерским
И серебристым Боингом летя,
Жизнь проблестела пряжкой офицерской,
Ни разу не замедлив бег коня.

На джэтах, супер яхтах и феррари
Вперед скакали баловни судьбы.
И нас с тобой они не замечали,
Как не заметят рыбу корабли.

И было нам и грустно, и обидно,
Но все мы встретимся на переправе Стикс.
И взглянет вдруг с загадочной улыбкой
Седой Харон, как молчаливый сфинкс.

Январь, 2013

Вредные привычки

Один не курит, другой – не пьёт!
Третий – по девушкам не ходит...
А жизнь – в кабак, в бордель ведёт,
В Майами ночи жизнь проводит!

Вот закурю с похмелья я...
Пусть смысла жизни я не знаю,
Зато у пьяного меня
Опять подружка молодая!

Катманду

Ирине и Ильдару Шигаповым
с пожеланием дальнейших успехов.

«Мой друг уехал в Магадан.
Снимите шляпу, снимите шляпу!»

В. Высоцкий

Товарищ улетает в Катманду…
А я в горах Скалистых здесь останусь…
И, сетуя на сердце и усталость,
Я буду всё завидовать ему.

Товарищ улетает в Катманду.
Оставив Запад лживый и притворный,
Он свистнет, как мальчишка
    беспризорный,
В Непале будет весело ему!

В Непале – правда скал и ледников,
Где пик кусочек неба отогнул,
Там правда Хиллари проводников,
И даже звёзды ярче в Катманду!

Вечерний борт уходит в Катманду…
Кивнёт пилот с улыбкой альпинистам.
И в небе красно-жёлто-золотистом
Исчезнет в моей юности мечту…

Бык

Ужасна участь старого быка!
Что помнит тёлок, выпас и корриды…
Но не уйти от мясника ножа –
Работника бездушной Немезиды.

И вспомнив вновь про девственниц стада
На зелени приморского простора…,
Он пикадора поднял на рога
И не простил ошибки матадора!

Священник бедного прихода

Памяти Протоирея о. Георгия Сачевского (18.06.13)

Священник бедного прихода,
Где прихожане так себе...
Он много делал для народа,
Но это помнили не все...

Останутся жена и дети,
Не помогли госпиталя...
Священник бедного прихода,
Помилуй Господи Тебя!

Кристофер Дорнер

*Баллада о Кристофере Дорнере, несправедливо уволенном
полицейском Лос-Анджелеса, защищавшем в Ираке и
Афганистане интересы Америки, охотившейся на него,
как на дикого зверя, и пытавшейся сжечь его живьём.*

Он был спецназ, один из лучших,
И верил в правду до конца.
И не хотел, чтоб полицейский
Синонимом стал подлеца...

Когда метелили больного,
Пытался их остановить,
Хотя и сам мог в рукопашной
Троих спокойно уложить...

Но нету правды в этом свете,
И вот уволили его...
А у сучат плодятся дети
И кормовое рвут весло...

Решил он: хватит и довольно!
И Президенту написал,
О том, как ветерану больно
И как в Афгане воевал...

Но президенты-резиденты
Неведомых нам диктатур
Быстрее станут на защиту
То лесбиянок, то ли дур...

И Кристофер тогда решился,
С винтовкой снайперской своей
Пытаться навести порядок
Среди людей и нелюдей...

Всей Калифорнии структуры
Его ловили восемь дней.
И сделал он одну ошибку –
Невинных не стрелял людей.

Известно всем, когда погоня,
Свидетелей не оставлять!
А он жалел пенсионеров,
А те – спешили настучать!

И вертолёты окружили,
В горах, куда возила мать.
И батальон морской пехоты
Спокойно начал наступать...

Он уложил двоих вначале,
Такого «бывшим» не простят...
И БэТээРы застучали
И коттедж стали поджигать...

Пока они крушили стены,
Успел себя он застрелить,
Хотя все жители посёлка
Могли заложниками быть!

Пойми уроки Кристофера:
Система не отдаст себя.
И даже в 21 веке
Они живьём сожгут тебя!

Февраль, 2013

НАТО в Севастополе 1854-55гг

Посвящается 160-летней годовщине нападения 700 вымпельной Армады союзников с 70 тысячами десанта на 30-тысячный гарнизон Севастополя

Зуав

В бою – отчаянный рубака,
Стрелок, насильник, мародёр...
В Париже – грязная собака –
Он нёс по свету Термидор!

Феска

Ключи от церкви в Вифлееме
Не отдадим мы никому!
Ведь смысла нет в гяуров жизни:
Их путь – в могилу и тюрьму!

Томми

Продажной Англии солдат,
За шиллинг в день, как Символ Веры,
Нёс кровь, мучения и ад
Во славу жадной Королевы!
Патент купивший офицер,
Стрелял беременных отменно!
Вскрывая саблей животы,
Чтоб знать, кто был там непременно...

Тюбетейка

Ай-Вай! Встречали их с дровами!
В дождливой, ветреной степи...
Они же нашими волами
Набили быстро котелки...
Всех перерезали барашков,
Толпой насиловали жён!
В награду за гостеприимство!
Аллах был о-о-о-очень удивлён...

Бастионы

Бушлат отца—до пят...
Когда-то носил обед на бастион...
Но больше нет на свете бати...
И за прицельной трубкой – он!

Н.И. Пирогов

Чем пахнет так на сортировке?
Не перевязочная – морг!
Вот лекарь новенький— и часа,
Шатаясь, выдержать не смог!
Полы, наверное, не мыли...
Что замолчали, Господа?
Простите, Николай Иваныч!
Под полом кровь на два вершка...

Май, 21, 2014

Свобода

Я выбираю свободу...
А. Галич

Нам дали с икрой бутерброды,
Налили Абрау Дюрсо,
Но мы проиграли свободу,
И дальше нас понесло.

А выиграл кто-то третий,
Незримый, ненужный и злой...
И снова рождаются дети
Для пушек войны мировой!

Для скоростных миномётов
И вертолётов Апаш,
Расстрельных рот пулемётов,
И крематориев саж...

Вот снова пишет писатель,
Как стало жить хорошо!
И значит опять каратель
По трупикам детским пошёл...

Опять нам талдычат с экрана
О чьих – то неверности жён.
И вновь телефон прослушен,
Компьютера текст прочтён...

И снова на интернете
Разбавят воду мочой.
И если вы выпьете это,

Вам станет всё нипочём!

Упитанный поп с брегетом
Отпустит вам все грехи
И, значит, опять под запретом
Окажутся чьи-то стихи...

День Победы

Дым от пушек рассеется,
День Победы забудется.
Только ржавые звёздочки
То в лесу, то в степи…

Раз, что было – не помнится,
То, что хочешь – не сбудется,
Это русские косточки,
Это деды твои!

8 мая, 2012 г.

Возвращение с Чегета

Когда мы вернемся из Чегета,
На земле уже расстает снег...
Мы не будем говорить про это,
И про то, как сказочен Чегет:

Снег блестит, нетронутый ратраком,
Солнце с ветром обнимают нас.
И поет душа над целиною,
Вдалеке от выкатанных трасс...

Будем мы немного загорелей
И чуть-чуть увереннее вас,
Будем мы немножечко смелее,
Пока в сердце есть еще Кавказ.

Привезем к столу Вам Цинандали,
Чай из горных и душистых трав...
Чтобы вы отчасти понимали,
Чем так в жизни горнолыжник прав!

Странная дорога

Дорогой странной в Монреаль,
За Атлантической селёдкой,
Я ехал в дождь, мне было жаль,
Всю ночь склонившихся над водкой...

Я слышал поминальный плач,
И выли в ночь Квебека ивы,
О том, что больше никогда
Не будут люди справедливы!

Мне было жаль убитых там...
Детей, старушек, новобранцев...
Не лучше стало от того
Ни одному американцу...

Не лучше стало никому!
И только злая тень Петлюры
Носилась бешено в степи,
Почуяв шаг прокуратуры...

Утро

Ледяные оттратраченные трассы
Превратятся в кашу через час...
Тот, кто встал пораньше, был счастливей
И чуть—чуть удачливее нас!

Те, кто раньше, пьют, наверно, пиво...
Но а мы всё месим мокрый снег...
Встань пораньше, будешь первым в бане,
Накатавшийся, счастливый человек!

Джаз-квартет

Вот старый зал со стульями из клёна
И патиной свинцовой потолков...
С акустикой для шёпота влюблённых
От мастеров ушедших вдаль веков...

Играл джазмен на саксе и кларнете,
Рыдала флейта, заклинатель змей.
Под голос девочки и контрабас в квартете
Вдруг барабаны бились у дверей...

Нью-Орлеан, помноженный на тонкость
Щипками души по частям трепал...
И несмотря на жизни монотонность
Всех саксофон с собою забирал...

Спасатель

Спасать и быть спасенным!
Не всем дано узнать,
Что может Солнце заново
И для тебя сиять!

Что можешь ты, не тело,
Качаться на волнах,
Не задохнувшись насмерть
В Скалистых гор снегах...

Что можешь мчаться трассой,
Не нужен снегоход!
Пока еще есть ноги,
Пока душа поет!

Когда ты тащишь рыбу,
А не наоборот.
Акула молодая
Не на тебя клюет!

И даже выплывая
Из пенного котла,
Ты знай-Душа спасенная
Молилась за тебя!

Оппосум

Оппосум – симпатяга, всем привычный,
Как и любой спокойный человек.
Он, если страшно, притворится мёртвым,
Как будто не было оппосума вовек.

Оппосум ничего не производит.
Воруя пищу, хорошо живёт.
И в нужный срок он деточек заводит,
И самку в уголке тихонько трёт.

Его минуют все столетья бури,
Природы, государства недочёт.
Объевшийся, оппившийся до дури
Он всех соседей знал наперечёт.

Его гоняли бешенно собаки,
Стреляли ружья, кольт и арбалет.
Но я скажу вам, что спокойней доходяги,
На этом свете не было и нет.

15 ноября, 2012

Не судите

Не судите строго вы поэта
За разбитые посуду и сердца.
У поэта чувства меры нету,
Если грешен, грешен до конца.

Не дарите тапочки поэту
В день, когда он превратится в прах.
Он уходит в горнолыжных бутсах
Или в вытертых кирзовых сапогах.

Не бросайте в гроб цветов поэту,
Хоть обычай предков был таков.
Бросьте или положите тихо
Книжечку потёртую стихов...

Пусть завоют жалобно собаки,
И койоты злобно заскулят.
Он не избежал последней драки
И спокойно принял в грудь заряд.

Вспоминайте в праздники поэта,
И в денёк погожий на горе
Будете вы счастливы за это,

Как и он был счастлив на земле.

Январь, 2013

Последний вагон

Посвящается Наде

Последний вагон уходящего поезда...
Ведь это – реальность, не только мечта.
В последнем вагоне, если только
    захочется,
Протянутся руки, найдутся места!

И ехать не нужно, но больно уж хочется,
В последнем вагоне девчонки смешней.
И задний вагон уходящего поезда
Даст новые встречи и новых друзей.

На льдине, в палате, в тоске одиночества
Пригрезится грешнику Святая Земля.
Последний вагон уходящего поезда,
Рассвет над Атлантикой, улыбка твоя...

Случай в Уфе

Бывали случаи в Уфе...
Бабайку в лужу уронили...
Девчоночку, пятнадцать лет,
У парка ночью подловили...

Она рыдала, как могла,
Но: "Дашь сама или все хором!"
И не одна девичья честь
Оборвалась под тем забором...

Но плохо кончили и те,
Кто над девчонкой измывался...
Один вдруг в Белой утонул...
Другой на зоне прописался.

Его нашли с пером в боку
И изнасилованного тоже...
А старший выпил кислоту
И сдох с ожогами на роже!

Мораль истории проста:
Ее учить могла бы в школе.
Девчонка та – твоя сестра,
За всё в ответе ты и в доле!

Крещение

Мороз крепчает, как обычно, на крещение,
В лесу покрякивают сосны – старики.
Мороз очистит все былые прегрешения,
Всех тех, кто в проруби ныряет у реки…

Пора

Я прыгал ночью из электричек...
И с парашютом в темноту...
И с неисправным аквалангом
Я, извиваясь, шёл ко дну...

Я вдов жалел, и разведённых,
И избежал в горах лавин...
Я проиграл немало ставок
В делёжке счастья половин...

Я, на ломающейся льдине,
Прощался с жизнью навсегда,
Но Ангел (или вертолётчик?)
Решил, что не пришла Пора...

Стал ли от этого мудрее?
Не знаю, Бог тому судья...
Но люди, также, как и прежде,
Смотрели странно на меня...

Декабрь, 2013

Мальчишка

Моя маленькая тоненькая книжка,
Неожиданно уехала в Париж...
Эту книжку взял с собой мальчишка,
Что любил в горах шуршанье лыж.

Он любил быть первым на подъёмник
Вслед за заспанным небритым патрулём.
Он встречал, как радостный любовник,
Солнца не спешащего подъём...

А потом он нёсся серпантином
На ходу ловя снежинок бег.
Был он счастлив счастьем беспричинным,
Так, как только может человек.

Летом на рыбацкой старой лодке
Обожал он править на рассвет...
Зная, рыбу где поймать проводкой,
Зная, что древней занятья нет!

И достав омара из ловушки,
И сварив его в морской воде,
Знал мальчишка, что вкуснее пищи
Нету никогда и нет нигде!

Февраль, 2013

Избытки

Посвящается Наде

Мне дарили девочки открытки,
И писали женщины стихи.
Я испортился, наверно, незаметно
От избытка девичьей любви.

Пусть и мы влюблялись безответно,
Но ещё сильней любили нас.
Счастье рядом было неприметно,
Но за всё придет расплаты час.

И ответим мы по гамбургскому счёту
За слезинки и морщинки на лице,
Прочитав незримую заботу
В обручальном, вытертом кольце...

Январь, 2013

Подружки

Мои подружки разбрелись по свету...
Детей родили и растят внучат.
Моих подружек Дам прекрасней нету,
Я в счастье их совсем не виноват...

Храни Господь их, стройных и красивых,
Какими их запомню навсегда!
Пусть не коснётся их весёлых и
    счастливых,
Ненастья или скуки маета...

Мои подружки были знамениты
Среди мужей знакомых и родных,
Той женственностью, жизнью неразбитой,
Той нежностью, что нету у других...

Они оставили свои следы в Сибири,
В Карелии, на Южных островах.
Их босоножки были на Гавайях,
И в Коста-Рике плыли на плотах.

Лыжня их в Монреале или в Альпах.
На них смотрели Рим, Париж, Марсель.
И девушек из этой лёгкой стайки
Найти по свету трудно мне теперь.

Друзья

Мы ели устриц на Аляске,
А на Ямайке пили ром...
И как в матросской старой сказке
Мы шли по жизни напролом.

Красивых девушек любили,
Но приходил разлуки час...
Мы дружбы детства не забыли,
И вот уже немного нас...

В Москве, Нью-Йорке и Париже
На нас кидалась суета...
Но правды всё же было больше
В Москве, у крымского моста...

И в Андах или на Юконе
Заканчивая этот путь,
Последний раз припав к иконе,
Друзей успей ты помянуть!

Декабрь, 2013

На юбилей программиста

Посвящение Ф. Таякину

Он – программист, ему компьютер – и дом
родной, и мир второй.
И по упорному влиянию сравнится, разве
что, с женой.
Еще остались где – то лыжи, и волейбол, и
бадминтон.
Но виртульный мир всё ближе, и свой
закон диктует он.

Прожив полвека и полжизни, хочу тебе я
пожелать:
Внучат пораньше и побольше, чтоб жизнь
по-новому начать.
И о себе чуть-чуть подумать, корвет
разобранный собрать,
И в мир реальный и упругий немного
чаще выезжать.

И на волне кататься в Лиме, и съездить на
Мадагаскар,
И разгонять стада жирафов на джипе из-
под пыльных фар.
На лыжах можно на Маккинли, а по
Маккензи – на плотах.
Ловить треску, стрелять медведей, забыв
патроны впопыхах.

И разменяв седьмой десяток, чуть-чуть
постарше и мудрей,
На волейбол в Копакабане ты пригласи
своих друзей.

15 августа, 2012

Архивариус

Посвящается Е.М.Тихомировой

В архивах пыльных по лесозащите
Средь тысячи маршрутов по тайге,
Где молодость теряла и любила,
И на плотах сплавлялась по судьбе...

Среди отчётов, книг названий странных,
Про то, где и когда зимует жук,
Про гусениц для леса беспощадных
От бородатых докторов наук.

Средь кАлек пальцами до дыр протёртых
И выцветших тетрадей полевых
Жил целый мир, спокойный и глубокий,
И не всегда заметный для других.

Менялись боссы, люди и системы,
Не замечавшие в своём глазу сучок...
И потихонечку седели косы
В девичий, прежний, убраны пучок...

7 февраля, 2013

Европа во тьме

Тогда дрались на шпагах не от скуки,
Ведь яростью пылала голова.
Воров тогда отрубленные руки
На площадях валялись, как дрова!

По выходным —убийц колесование,
По праздникам же жгли еретиков...
И не имея хвороста для бани,
Европа грелась тысячью костров!

Обед горячий был уделом знати,
А сыр заплесневелый – бедняков...
И продавали дочерей и братьев
За горсточку зелёных медяков!

Парик с буклями был от вшей придуман.
И дамы тоже брились наголо...
Не мылись эти дамы месяцами,
Как и любой придворный жиголо!

Солдатам денег не было побриться
И дегтем шею мазали от вшей.
Одна на всех немытая девица
Была опасней вражеских траншей!

Янычар

Мы затупили ятаганы
О сотни рыцарей кольчуг...
Когда явились в наши страны
Полки незваные их вдруг.

Их были стены неприступны.
И непонятен их язык...
И в перемирье роковое
Наш дух воинственный поник...

Но веры нет неверных слову...
Они не чтут Святой Коран!
И нападают в перемирье
На Саладина караван.

Осквернена сестра визиря!
И будет он велик, Джихад!
Падут: король Иерусалима,
И Кесария, и Маргат!

И мы очистим нашу землю
И в море сбросим их кресты!
И на Родосе, и на Мальте
За ними мы сожжем мосты!

Пусть захватили их галеры
Подарки Сулеймана жен.
Ужасной местью Сераскера
Весь мир подлунный поражен...

Мы их четвертовали трупы
И знали, что нас ждет в ответ!
В нас головами янычаров
Стрелял из пушек Ла Валлет...

Ноябрь, 2013

Крестоносец

Для нас был меч – как Символ Веры,
Чтоб Гроб Господень охранять,
Чтобы могли Госпитальеры
Сельджуков злобных покарать!

Чтобы паломники спокойно
Долг Веры выполнить могли…
И мамелюков и османов
Очистить со Святой земли!

С несметным сонмом сарацинов
Дрались мы десять против ста!
И кровью пропиталось знамя
Восьмиконечного креста.

Мы прорубались на галеры
И уносили стариков…
И лучше, чем Госпитальеры,
Вы не найдёте моряков!

Кипр и Родос, Мессина, Мальта –
Вот нашей славы имена!
Измена – счастье Бонапарта
К потере Мальты привела…

И вот разбросаны по свету,
Мы жалкий жребий свой влачим…
Когда вернёмся в Ла-Валетту,
За всё и всем мы отомстим.

Ноябрь, 2013

Паломник

Бредут паломники по свету,
Чтобы Гроб Господень повидать,
Чтоб заново душой родиться
И больше уж не согрешать!

Плывут паломники по морю,
И страшен, и опасен путь...
И сарацинские фелуки
Не раз заставят их свернуть.

На рынках Тира и Сидона,
Где правят бич, сельджук и зло,
Паломника всегда найдёте,
Которому не повезло...

Его найдёте на галере
В цепях, прикованным к веслу.
И, если каждому по вере,
За что же это всё ему?

Чума, холера, жар пустыни...
Но только жар души сильней!
И припадёт он, обессилен,
К подножию Святых Камней.

Блудница

Её ласканий нет нежнее.
Она бы ублажить смогла
И Элинна, и Иудея,
И Самурая, и Волхва...

Но только мало Самураев.
Волхвы растратили свой дар.
И Эллины и Иудеи
Несут банкирам гонорар...

Так что же делать ей, Блуднице,
На перекрёстке всех дорог?
Продать любви своей частицы
Пока ещё возможен торг...

28 октября, 2012

Майята

Посвящается М. П.,
придумавшей название.

Пусть ошиблись Майя и Пророки,
Просто наступила майята.
Оказалось, старого ковбоя
Трудновато выбить из седла.

Мы с тобой не раз ещё поскачем,
В бар не раз ногой откроем дверь.
Мы ещё не раз поправим стетсон
От тоски и горечи потерь.

Нам ещё пылить по Коллорадо
И в каньонах на каноэ плыть.
Нам другого ничего не надо,
Нам бы прошлого с тобою не забыть...

16 декабря, 2012 г.

Забытое прошлое

Посвящается К.Э.

Эта женщина из прошлого пришла,
Вдруг подняв души моей архивы.
Не любовница, ни мать и не жена,
Я хочу, чтоб ты была счастлива...

Мы не знали, что любили нас
И в тоске заламывали руки...
Уходил потрепанный баркас
Под пиратским знаменем разлуки.

Черный парус кто-то надувал
И хотел нас посадить на рифы.
Наперед он знал про каждый шквал,
И смотрел, как ждут спокойно грифы...

И пройдя сквозь жизни океан,
Бросив якорь где-то на Карибах,
Мы не знали, КАК любили нас,
Молодых, беспечных и болтливых.

Нам не встретиться с тобою никогда!
В час спокойного и сильного отлива,
Эта женщина из прошлого ушла
И была по-своему счастлива...

23 декабря, 2012

Аруба

Я себе уеду на Арубу
От рутины жизни беспросветной.
На Арубе я счастливым буду.
Буду жить как странник неприметный.

Я на джипе буду ездить к морю,
Собирать ракушки на кораллах.
Я забуду, что есть место горю.
И полиций тайных генералов.

Буду я с ведром ходить по пляжу,
Веселить хорошеньких туристок.
И на кайте научусь летать я,
В небе голубом всегда и чистом.

В океане я ловил бы рыбу.
И смолил бы старенькую лодку.
И не верил, что ещё есть люди,
Променявшие всю жизнь на стёб и водку.

Я бы плавал и нырял без меры
И скользил в прибое океана.
Я собрал бы все остатки веры,
Поливая кустики банана.

А когда опять поманят горы,
Улечу себе я в Коллорадо,
Где в снегу я буду кувыркаться
И на лыжах ездить до упада.

А потом вернусь я на Арубу,
Там ведь счастье старого солдата.
Буду жить, как странник неприметный,
Может вы приедете когда – то…

15 декабря, 2012

256

Сырость

В краю изломанных ресниц,
Дождей, замшелых равелинов,
Неугомонных пилигримов,
Многоэтажек и больниц...
Я б там любил,
Когда б не сырость
И шелест прошлого страниц,
Когда б не холод и не бледность
Меланхолических девиц.

Бормио

М.П.

В Бормио, там в термах пар и хохот,
Солнце над Ливиньо и в горах…
Мне всегда о Вас приятно думать
В северных заснеженных лесах.

Римляне когда-то загорали,
И купались там же, где и Вы…
Римляне еще не понимали,
Что года Империй сочтены…

Отпечатки кожаных сандалей
Где-то там остались в ледниках…
Пыль от Легионов и регалий
Растворилась навсегда в веках!

У Индейцев Северной Канады
Научился я тюленей бить…
Ночевать в снегу, плыть по порогам
И лосося осенью ловить…

Вы опять летите на Майорку
Я плыву в каноэ между льдин…
Мне всегда о Вас приятно думать,
Вспоминать, что мир для всех один.

Азия

Чай из хризантем...
Суп из потрохов!
Волос вороной...
Запахи цветов!
Азии седой
Бубна мерный глас...
Неужели – Мы?
Да, конечно, Нас!

Калязин

Я уеду к бабушке в Калязин,
В мир изгибов Волги вековой.
Я уеду в древний мой Калязин,
Только там есть для души покой...

Там под звон старинной колокольни,
Тихо в воду весла опустя,
Я прощу врагов, друзей и близких,
Широко себя перекрестя.

Буду я окучивать картошку,
И гонять почтовых голубей...
Я забуду о тебе немножко,
И о жизни прожитой своей...

Окуней надергав на ушицу,
Отпущу нахального ерша.
Судака я отнесу соседке,
А соседка, правда, хороша!

Подмигнув вихрастому мальчонке,
Подопру я горбылем забор...
Задержу подольше чем обычно
Взгляд в соседки разведенной двор...

11 мая, 2013

По вечерам на Амазонке

По вечерам на Амазонке...
Цикады треск и пенье птиц...
И Колумбийские девчонки
Глядят на Вас из-под ресниц...

По вечерам на Амазонке...
Под крики диких обезьян,
Турист шумит у бара стойки
Напыщенный, как павиан...

По вечерам на Амазонке...
Невидимый плывёт удав...
И исчезают джунглей дети,
Судьбы своей не разгадав...

По вечерам на Амазонке...
Возня пираний не слышна...
И только чавкнет аллигатор,
Когда наступит тишина.

24 октября, 2013

Гавана

Надоели смог и сплин, пора в Гавану,
Где всегда танцуют и поют!
Где кубинки лунными ночами
Счастье иностранцам раздают...

По утрам—американо с ромом,
Пляж, дайкири в самую жару...
Вечерами хорошо мохито,
Или буканеро не одну...

А потом лететь в кабриолете
И купаться в море нагишом!
И забыв о всем на белом свете,
Вдруг понять, что сплин давно прошел...

Выпив кофе, раскурив сигару,
Что всегда немножечко бодрит,
Ты узнаешь, как вдруг на Гавану
Променяли Рим, Париж, Мадрид...

16 мая, 2013

Варадеро

Я завтра улетаю в Варадеро...
Мне надоели снег, дожди и хмарь!
Как я хочу, чтоб ты к нам прилетела,
Но не отпустит вечный твой Ноябрь...

Красивей нет кубинок Варадеро!
Но русских девушек им все же не догнать...
Как я хочу, чтоб ты к нам прилетела!
Как я привык незагоревших обнимать...

Пьяница

Он напивался в ночь на полнолунье...
И где – то хохотали упыри.
А вурдалаки кровушку почуяв,
Неслись со свистом Лысой всей горы...

Он напивался при потере друга,
Которому он не успел сказать: "Пока"...
Или когда любимая подруга
Вдруг на него смотрела свысока...

Он напивался просто, без причины,
И мысли становились не часты...
Ведь он мечтал, чтоб Лики, не личины,
Нам диктовали правила игры!

Перегон

Не пьется, не поется и не пишется,
Лишь всюду слышен похоронный звон...
И жизнь, как поезд с дальней станции,
Уходит на последний перегон...

Мелькают лес, болота и избушки...
И покосился старый семафор...
И торопливо крестятся старушки,
Колес знакомых слыша перебор.

В пустом вагоне вспомнишь ты ушедших,
Чью Парка жизни нить оборвала...
Ты был один из них—не больше и не
     меньше,
Но почему жизнь выбрала тебя?

Над новой книгой наклонясь в вагоне,
Не забывай смотреть по сторонам:
Быть может на последнем перегоне,
Свою Судьбу ты разгадаешь сам!

Абеляр

Вы из формул Абеляра
Не поймёте никогда,
Как могла рыдать гитара,
Как могла любить она!

Как квебекская девчонка,
Позабыв и страх, и стыд,
Хоть опухли её губы,
И устал её язык.

Продолжала целоваться
С уходящим моряком...
Было время расставаться,
дальше жребий ей знаком.

Не простят ей мама с папой,
И соседи не простят.
Как пойдёшь ты только в школу,
Враз мальчишки засвистят!

Остаётся только слушать
Полуночный плач гитар
И мечтать, как вдруг с портрета
Улыбнётся Абеляр.

Марокко

Караван верблюдов из Марокко,
Мне опять напомнил о тебе...
Вновь приснились мне пустыни звезды
В городской и страшной суете...
Там катались люди на барханах,
Спотыкаясь в горы шёл ишак...
Камешки с обрыва вниз летели...
И вернуться мне нельзя никак!

В Альпы!

Однополые браки...
Силиконные груди...
Кофе без кофеина,
Бестаниновый чай.
Плачут кошки-нейтраты
И взывают плакаты:
Пиво без алкоголя!
Снова жизнь начинай!

Интернетная дружба
Перейдёт в поклоненье,
А чуть-чуть с фотошопом-
Значит будет любовь...
Только что-то не верит
Моё поколенье
В жгучесть страсти ай-пада,
В виртуальную кровь.

Пища без углеводов –
Процветанье народов!
И собаки-кастраты
По бульварам бредут...
А бесплодные тётки,
С глазами селёдки,
О семье и о счастье
Нам беседы ведут...

Январь, 2013

Странный человек

Среди друзей, знакомых и прохожих
Вам попадался странный человек.
Был на других он чем-то непохожий
И странно жил весь свой короткий век.

Он не ходил по струнке на работу
И правила движенья нарушал.
На Новый год и свадеб юбилеи
Его давно никто не приглашал.

Он много ездил, видел или слышал,
И невпопад об этом говорил.
Его любили дети и собаки,
И он детей с собаками любил....

Читал он много и не спал ночами,
И в океане рыбу он ловил,
И в гладиаторов наёмных состязаньях
Ни разу и нигде не победил.

С трещащих льдин его снимали вертолёты,
А он весною прыгал со скалы...
И под огнём чужой морской пехоты
Он всё твердил: мы—не рабы, рабы – не
      мы.

15 ноября, 2012 г.

271

Сны

Нас, как живые привидения, всех держат
    сны на поводке.
А мы не верим в откровенья, как
    каторжник на руднике.
Мы ищем золотую жилу в
    сомнамбулическом пылу.
А что находим лишь могилу, нет дела
    вроде никому.

Мы роем землю, грузим тачки, чтобы
    соседа обогнать.
И ради денег жидкой пачки готовы
    ближнего продать.
Прохожий, друг, старатель милый,
    остановись на полпути!
Пойми, что золотую жилу не каждому дано
    найти!

Хоть раз ты выберись из шахты и на
    вершину поднимись.
На мир прекрасный и огромный хоть раз с
    вершины оглянись.
В цветущую спустись долину, с утёса
    прыгни в океан,
И от индейцев сувениры ты привези из
    дальних стран...

Мир поднебесный и подлунный не для
    веселья и рытья.
И каждый, пусть во сне хотя бы, судьбы
    любимое дитя...
Мы все когда – нибудь летали и жили в
    сказочных дворцах.
Принцесс прекрасных обнимали, друзей
    спасали в облаках.

Верь снам и делай, как подскажут, ведь
будущего с прошлым нет.
И лишь сегодня нам укажет на счастье
негасимый свет...
И если это не поможет, то ты старателем
рождён.
Бреди с лопатой и киркою обратно в
тёмный террикон.

Средневековье

Мы всё живём в средневековье,
Но только рыцарей уж нет.
И чернь, поднявшись из подвалов,
Затмила свет и полусвет.

И ростовщик теперь банкиром,
Сутяга – важный адвокат.
И стряпчие, что правят миром,
Берут их дочек напрокат.

Мы все живём в средневековье,
Но только Дам прекрасных нет.
И лицедейки, и кухарки
Имеют устриц на обед.

И правит бал корявый лекарь.
Диктует моду силикон.
У правнучек легионеров,
Что проходили рубикон.

Мы все живём в средневековье,
Но только пастырей вот нет.
И молодые содомиты талдычат
Брачный свой обет.

У храмов почернели стены.
Так, видно, Богом нам дано.
А голубые сарацины
Все лезут в дверь или в окно.

Но где-то монастырь есть в Альпах,
Где отступные не берут.
Где не хоронят лицедеев,
Блудницам здравие не поют.

Аббат крестом и ледорубом
Там отгоняет бесовню.
И тот, кто хочет быть с аббатом,
Туда найдёт тропу свою.

Мираж

Я жить хотел на океане,
Но вот живу на озерке.
Хотел пиратствовать в тумане –
Ловлю я окуньков в реке.

Мой утлый челн— фрегат пиратский,
В грозе я слышу пушек гром.
Сосед, наследник самоанский,
На праздник гонит крепкий ром.

Пусть бес в ребро, в висках седины,
Во сне иду на абордаж.
И лучше нет адреналина,
Чем свой преследовать мираж.

В дорогу!

Любовь исчерпана до дна…
Как чистая вода в колодце.
Растаял иней на оконце…
Опять в дорогу нам пора!

Январь, 2013

5

Стихи разных лет

Мифорд

На берегу форелевой реки
Стоит мой дом пустой и неприютный.
Он куплен был по прихоти минутной
На берегу форелевой реки.

16 октября, 2012

Хороших много

Хороших много—милой нету.
В.И. Даль

Хороших много, милой нету,
Чтоб на руках её носить,
Чтоб все грехи и все наветы
Хотелось сразу ей простить.

Чтоб жемчуга дарить и кольца,
И на колени чтоб сажать,
И от дверного колокольца,
Как будто в первый раз дрожать.

Хороших много, милой нету,
И вот не радует Париж.
И пусты обещания Ниццы,
И бьёшься, словно в клетке, стриж.

И вот берёшь ты больше риска
На жизни новом вираже...
Друзей ушедших обелиска
Не посетить тебе уже...

А где-то там, в снегах России,
В Усть-Куте или Костроме
Ещё есть девушки такие,
Что часто видел ты во сне.

И где-то там порою ранней,
Сквозь свежевыпавший снежок,
Идёт себе дорогой дальней
Мечты узорный сапожок.

4 сентября, 2012

На реке Енисей...

На реке Енисей,
Вдалеке от дорог...
Я забуду о ней,
Среди рыбных проток...

Я любил—как умел...
Но ей деньги—важней!
Не нужна ей избушка -
На реке Енисей!

Не нужна ей морошка,
Черника, орех...
Любит деньги и тело -
Не такой уж и грех...

И под крики кедровок
Я забуду о ней!
Между кос и заломов
На реке Енисей...

Весеннее

Уже весна! Как у тебя дела?
Наверно, обо всём уже забыла...
Как ночью замерзали у ручья,
Как льдина нас всё дальше уносила.

Но год прошёл, ты счастье не нашла –
Ни в тропиках, ни в улочках Парижа...
Ты знаешь, скоро ты поймёшь сама,
Что с каждым годом будем мы всё ближе...

Легионеры

Когда идет четвертый Легион,
Дрожжат: земля, шатры, мосты и стены!
И остановит нас центурион
Когда дойдем до Океана пены!

Нам покорился весь подлунный мир!
И на коленях: персы, галлы, свеи...
Разрушен Храм и пал Иерусалим!
И по свету разсеяны евреи!

Мы превратим в рабынь их жен!
И в гладиаторов—солдат, что уцелеют...
Нам побеждать—всегда,—сказал
        центурион!
Мечи Легионеров—не ржавеют!

Мокрый снег

Здесь мокрый снег, пустой подъемник,
Ты далеко, за сотни верст,
Вновь обманул тебя любовник-
Хлыщ, прощелыга и прохвост...

А здесь, над мокрыми снегами,
Ни зги не видно в облаках.
И лишь тебя мне не хватает,
Тепла твоих ночных рубах...

Глухозимье

В феврале не любят, как в апреле…
Толстый лёд и рыба не клюёт…
В Феврале—не добрые метели:
Спит медведь, и птица не поёт…

В феврале ты всё проходишь мимо…
И не взглянешь, чёрная коса…
А когда-то ты была любима,
И лучились ласкою глаза….

Но мороз сковал тебя и реки,
Долог и коварен санный путь…
Я уйду, как в песне, на рассвете,
Не успев в лицо тебе взглянуть…

Может снова встретимся в апреле,
В день, когда расстает зимний лёд.
В глухозимье—злобные метели
И со счастьем—всё наоборот…

286

Ты возвратилась...

Ты возвратилась, лишь растаял снег!
И позабыты прошлые обиды...
Всё помнят лишь Египта пирамиды!
И ничего не помнит человек...

Запоздалое...

Где грибы запоздалые,
Словно поздние дети,
Втихаря пробираются
Сквозь траву на рассвете...
Где форель оголтелая
По ручьям дико мечется...
Понял—рана моя
Никогда не залечится!
Не гулять нам с тобой
Под Москвой тихим вечером...
Поросло трын-травой
Всё, что было намечено...
Лишь грибы запоздалые,
Да форель оголтелая...
Эх ты, жизнь моя, жизнь!
Что ж ты, глупая, сделала...

Гавайская шуточная

А на Гавайских островах – девчонки
    смелые!
А на Гавайских островах бушует жизнь!
Там море синее и яхты белые!
Лететь вот только долго не ленись!

Там, на Гавайских островах, вулкан
    тушуется!
То плюнет лавой, то тихонечко замрёт…
Там по ночам народ на улицах беснуется,
Оно понятно, если лава скоро ждёт!

Девахи там с цветочками за ушком.
Раз справа – познакомься и люби…
А если слева – ничего Вам не обломится!
И чтоб целей быть, мимо проходи!

Там, на Гавайских островах, попса
    рисуется:
Спортсмен, банкир, качки и хипари…
Там только не хватает русской улицы,
Но ничего – всё это впереди!

Там сёрфинг и красотки – фишки
    главное…
Загар и фитнес только лишь в цене!
И смотрят грустно старые и малые
На то, как жизнь бурлит на острие!

А на Гавайских островах играет музыка!
А на Гавайских островах танцует жизнь!
Там море синее и яхты белые,
Лететь вот только долго не ленись!

Полнолуние

Полнолуние под осень:
Прёт лосось и пьёт мужик...
Где-то смерть всё жатву косит...
Где-то девушка не спит...

И бессонною головкой
Всё пытается понять:
Будет милый? Будет счастье?
Или счастья не видать?

Или вечное проклятие,
Женской доли кутерьма:
Если милый—значит в поле!
Если счастье—то война !

Ну а если перемирье -
То гуляет интендант!
Растолстевшие мамаши
Нянчат бледненьких ребят...

Не монахи

Мы вместо кофе утром пьем вино...
Мы убежали от смирительной рубахи...
Но любят нас девчонки всё равно!
И никогда нас не возьмут в монахи...

Байкал

Посвящается Г.Л. Арзуманову, Другу,

художнику и путешественнику

Последнему из Могикан

Он заболел опять тобой, Байкал!
На карте мира—нет прекрасней точки!
А он на льду Мак-Кинли поскакал...
И Викингов ему смеялись дочки!

Гейша

Умна, стройна и не болтлива.
В косых глазах – седой восток.
И воспитаньем тепреливым
В искусство возведён порок.
Прекрасны в кимоно и тело,
И оголённая душа.
И быть всегда с одним мужчиной
Она уж слишком хороша.
Наёмный друг и собеседник,
Любовница и мать,
Она упорно верит в силу денег
И быть одна обречена.

Восточные женщины

Посвящается Доктору О.

Восточные красавицы-
Наверно лучше всех!
Но чтобы им понравиться,
Необходим успех!

Успех в бою и в плавании,
В рыбалке и в деньгах...
В карьере или в знании,
В картинах и в стихах!

А если не получится,
Они тебе простят...
Но станет мокрой курицей
Мамаша лебедят!

Робинзон

Уж сорок лет, а мы всё пьём самбуку...
Или, как там его, «Абу- Симбел»...
Но только вот уж не обнять мне руку,
С которой попрощаться не успел...

Я был не там, чтоб сделать перевязки
И из артерий кровь остановить...
Я был не там, где девочки из сказки
Вас смогут за копейки полюбить.

Я виноват, наверно, тем, что выжил,
Что вовремя явился вертолёт.
Я виноват, что я не так подстрижен,
Не стриженных судьба и не берёт!!!

Но помню Всё!!!—парней не из бумаги,
Красавиц не продажных никому!
Я помню Всё...и, может быть, за это
Я до сих пор на острове живу!

Суахили

Подражание Гумилеву

Мне кто-то говорил на суахили
Не верить тёмным, звёздным вечерам!
Мне говорили, что меня забыли
В ту ночь, когда ревел гиппопотам!
Когда от страсти бился аллигатор,
И зебры проносились молча в даль…
Мне говорили, что меня любили,
В стране, где был мороз, и дул февраль…
А здесь метис охотник самый ловкий,
Увидев девушку мою весной,
Поклялся на цевье своей двустволки
Разделаться вдруг навсегда со мной!

Арестант

Её любил поэт и музыкант...
А ей всегда чего-то не хватало...
Совсем чуть-чуть чего-то было мало:
Не тот пейзаж, не оценён вокал, не там
    портал...

Её любил поэт и музыкант,
Она любила дочь, собак и маму...
Не излечить души капризной рану:
Ей снится всеми позабытый арестант...

Ему

Преждевременно ушедшим поэтам посвящается

Он ТАК любил вино и женщин!
И женщины любили ТАК его...
Шли для НЕГО на запад эскадроны...
И бригантины плыли для НЕГО!

Дул в паруса ЕМУ попутный ветер...
В Дарьяле Терек бился тяжело...
Сквозь слюни злобы, слёзы свозь истерик,
Сама Земля вращалась для НЕГО!

Побег

"... Шаг влево, шаг вправо приравниваются к побегу—
Конвой стреляет без предупреждения..."
(Из Устава караульной службы)

Снова снится побег мне за зону...
Рёв сирены сменился на вой.
И стоит, от погона к погону
Вологодский угрюмый конвой...

И прищурился Кум хитровато,
У бугров напряглись желваки...
И бездушная трель автоматов
Бьется эхом у стылой реки...

Но недолго петлял он за зоной,
Лай овчарок теперь уже хрип...
И в крови, и в слюне волкодавов
Он к промёрзшему насту прилип...

1 мая, 2013

Подарки

Китаец старый из Шанхая мне трубку с
    зельем подарил.
Сказал, чтоб в горькую минуту я эту трубку
    раскурил.
Я много горя в жизни видел. Совет
    китайца был обман.
И раскуривши трубку с зельем, её я бросил
    в океан.

Рыбак с ньюфаундлендской банки мне
    острый подарил гарпун.
Сказал, спасёт от негодяев, пока силён, и
    смел, и юн.
Но с гарпуном меня схватили, когда я шёл
    в аэропорт.
А негодяи, как и прежде, толпятся у моих
    ворот.

Седой индеец в Мичигане мне подарил
    капкан и сеть.
Сказал, для жизни в Апалачах их нужно
    каждому иметь.
За сеть меня арестовали, капкан пылится в
    гараже.
И жизнь на склонах Апалачей совсем не та
    теперь уже.

Охотник на слонов из Бирмы отдал мне
    лук свой и копьё.
Сказал, что лучше и надёжней всего –
    немецкое ружьё.

Весна

Весна!-и мухи сонные проснулись...
И терпеливо лазят меж людьми...
И корабли еще не все вернулись,
Что лучшей жизни так и не нашли...

На полустанках продают картошку....
Но это—прошлогодний урожай!
А я—я все смотрю в твое окошко,
Где иногда мелькнешь ты невзначай!

Март

Наверно в жизни ничего не понял,
Кто в марте на снегу не загорал...
Не ездил тот в товарном кто вагоне,
Кто хлеб на соль и спички не менял...

Тот, кто не спал на нарах без фуфайки,
В порогах и на льдинах не тонул
И золото на Колыме или Клондайке
Не мыл – тот просто жизни не тянул!

9 марта, 2014

Зимний роман

Снег не растаял, но закончился роман...
И ты ушла от первой непогоды,
Не пожалев растраченные годы,
Поверив заново уже в другой обман...

Лед не растаял, но закончился роман...
Любви сезон короче, чем природы...
Опять куда-то мчатся снегоходы
И ждут гусей, летящих с юга, караван...

Чёрный лебедь

Чёрный Лебедь не летает,
Только, плавая, кричит!
Их почти что не бывает,
Тот, кто видел их, молчит...

Чёрный Лебедь, он – к разлуке
И к победе над врагом!
Много горя, много муки
В оперенье вороном...

В городах или посёлках
Не найдёте вы его!

Только там, где воют волки,
Где сова спешит в дупло...

Он, где спящая царевна
Ждёт семи богатырей.
Там, где Русским духом пахнет
В сердце Родины моей!

Ей

Усталый взгляд и тонкая душа...
Морщинка, пробежавшая до срока...
Она не только очень хороша,
Она безумно, бесконечно одинока!

На Вас опять французское бельё...
Я – в пыльной майке прямо из Арубы...
Но Ваши руки, Ваши плечи, Ваши губы
Простят мне это, им ведь всё равно!

И, если продолженье нам дано...
Украденных у вечности мгновений,
Пойдём туда без лишних сожалений,
Пока горят дрова, и есть вино!

Царьград

Не бывать мне видно в Царе-Граде,
И Софии вечной не видать...
Муедзина криков мне не слышать,
И турчанок мне не обнимать.

Не попасть мне на раскопки Трои,
Хоть я в детстве Шлимана читал,
И в судьбы невидимом заборе
Не одну дыру проковырял...

В капремонте мой уставший Боинг
И чихает лодочный мотор...
И хотя открыты все границы,
Не пускает мой невидимый забор...

1 мая, 2013

Первая любовь

Опять приснилась первая любовь…
Та, что живёт не так, не там, не с теми…
Как в пятьдесят всё это не по теме –
Второго класса первая любовь…

Давно, наверно, внуки у неё…
И поседела, располнела тоже…
Как на себя, наверно, не похожа,
Второго класса первая любовь…

А может всё же всё наоборот!
Она горит единственным желаньем,
Страстей ненужных главным оправданьем
Второго класса первая любовь…

Пацанка

Развод, раздел, стрельба и несознанка...
Друг лучший снова заложил меня!
Лишь б только моя милая пацанка
Была еще по-прежнему жива...
Лишь б только моя милая пацанка
Была еще по-прежнему жива...

Ведь столько лет потрачено напрасно...
Менялись лица, страны, города,
О, Боже мой, как ты была прекрасна
Тогда, когда любила пацана!
О, Боже мой, как ты была прекрасна
Тогда, когда любила пацана!

И вот седой, весь в шрамах и артрите,
За океаном я зову тебя...
Лишь б только моя милая пацанка
Была еще по-прежнему жива...
Лишь б только моя милая пацанка
Была еще по-прежнему жива...

Новый год

На Новый Год рождается веселье,
И мягко падает пушистый снег...
Еще совсем нет места для похмелья,
И счастлив, словно в детстве, человек.

Ледок

На озере молоденький ледок,
Но в полынье еще остались гуси...
И смотрит девочка, одетая в платок,
С гусями отбывающей бабуси..

Гамбургский счёт

Должно французским быть бельё!
Непальским чай, а ром – ямайским!
Должна гитара быть испанской!
Должно бельгийским быть ружьё!
Мужчина смелым должен быть,
Подруга – нежной!
Кровавым стэйк и свежею форель!
Всё лето – жарким,
А зима должна быть снежной!
И тёплым дом, и мягкою постель!
А если вдруг выходит не по списку,
Продай ружьё и поменяй жену!
Зарежь быка и съезди на Ямайку!
Ведь жизнь дано прожить всего одну!

Сибирь, 1975 г.

СОДЕРЖАНИЕ

316

5 Стихи разных лет

www.ingramcontent.com/pod-product-compliance
Lightning Source LLC
LaVergne TN
LVHW051253080426
835509LV00020B/2943